JOSH McDOWELL
con Erin Davis

39 preguntas que tus padres
esperan que nunca les hagas
acerca del sexo

EDITORIAL

La verdad desnuda

© 2011 por Josh McDowell

Publicado por Editorial Patmos, Weston, FL EUA 33166
Todos los derechos reservados.

Publicado originalmente en inglés por Moody Publishers,
820 LaSalle Boulevard, Chicago, IL 60610, con el título *The Bare Facts*.
© 2011 por Josh McDowell

Traducido por Interpret The Spirit
Diseño de portada y adaptación del proyecto por Marlon Soares
Imagen de portada por JMM

ISBN 10:1-58802-649-3
ISBN 13: 978-158802-649-1

Categoría: Jóvenes/Vida cristiana

Impreso en Brasil
Printed in Brazil

A
Sean, Stephanie, Scottie, Shauna, Kelly, Michael, Pippy, Katie, Jerry, Quinn, Beckett, Heather, David, Brenna y Dottie.

Mi familia

CONTENIDO

COMENCEMOS

RAQUEL se convirtió al cristianismo a los diez años. Siempre tuvo la impresión de parte de sus padres y del pastor que el sexo era algo malo. Ahora acaba de ingresar a la universidad, y el sexo parece ser lo único de lo que quieren hablar las chicas en su dormitorio. Incluso, algunas de sus amigas cristianas en la universidad hablan acerca del sexo como si fuera algo normal en el mundo de hoy. Raquel está comenzando a preguntarse: "Cuando se trata del sexo, ¿por qué hay tanto alboroto?"

Nick ha escuchado mucho acerca del sexo. Es un tema que su pastor de jóvenes presenta a menudo (demasiado a menudo, según Nick). Nick se está convirtiendo en un hombre y sus hormonas parecen estar gritándole que tenga sexo. Está convencido de que si Dios no quería que él tuviera sexo, no le hubiese dado un deseo sexual tan fuerte. Nick ha decidido que no es realista esperar hasta el matrimonio.

Ana ama a Jesús. Hasta hace poco era activa en su iglesia, en el grupo de jóvenes y hacía trabajos voluntarios una vez a la semana en un jardín preescolar cristiano de la zona. En un momento de pasión, Ana y su novio tuvieron sexo. Después de eso, parecía que siempre se estaban peleando. Terminaron la relación una semana atrás. Ahora Ana tiene el corazón roto. Dejó de asistir a todas las actividades en la iglesia y se siente alejada de Dios. Quiere ser perdonada, pero tiene demasiada vergüenza de contarle a alguien, en especial a Dios, acerca de su pecado. Sabe lo que dice la Biblia acerca del perdón, pero se pregunta si Dios alguna vez la perdonaría por su pecado sexual.

Si les pidiéramos a Raquel, a Nick y a Ana que nos cuenten la verdad de Dios en cuanto al sexo, se quedarían perplejos. En una cultura en la que el sexo está en todos lados y la pureza ha perdido su significado, la gente joven, incluyendo a los que van a la iglesia, deben afrontar grandes tentaciones sexuales sin una comprensión de la verdad de Dios en cuanto al tema.

EN BUSCA DE RESPUESTAS

La palabra "sexo" recibe 338 millones de visitas en Google cada mes. Eso es más de 4 mil millones de visitas al año, lo que la convierte en una de las cinco palabras más buscadas de las historia.[1]* Con los adolescentes como el grupo más grande de usuarios de Internet, esta tendencia revela dos cosas: 1) cuando se trata del sexo, los adolescentes tienen preguntas, y 2) están buscando las respuestas en el lugar equivocado.

La Biblia no se queda callada en cuanto al tema del sexo.

■ ■ ■ ■ ■ ■ ■ ■ ■ ■

El investigador cristiano George Barna etiquetó a los adolescentes de hoy en día en la "Generación Mosaica" por su tendencia a tomar pequeños pedazos de información de muchas fuentes para crear su propia definición de la verdad.[2] Esta filosofía de "lo que sea" se ha infiltrado en cada dimensión de las decisiones de esta generación, en especial de sus decisiones en cuanto al sexo. Como los mosaicos mezclan elementos de muchas creencias diferentes, la fe parece tener un impacto muy pequeño o totalmente nulo en su acercamiento al sexo.

Cuando los investigadores les preguntaron a los mosaicos si engañaban o no, si veían pornografía en Internet, si experimentaban con drogas y alcohol, o si tenían sexo, el 53 por ciento de los adolescentes nacidos de nuevo dijeron que sí, al menos a uno de esos comportamientos en los últimos tres meses, en comparación con el 59 por ciento de los no creyentes.[3]

HABLEMOS

Está claro que el sexo es un tema del que necesitamos hablar. De las miles de millones de personas que buscan respuestas acerca del sexo, muchas de ellas están haciendo una pregunta importante: "¿Para qué esperar?" Quizás tú te estés haciendo la misma pregunta. Tal vez quieras saber por qué deberías esperar para tener sexo hasta el matrimonio y cómo puedes decir que no mientras tanto. Quizás seas un padre, un pastor, un líder de jóvenes o un maestro que siente que no está del todo equipado como para responder a las preguntas de los jóvenes en cuanto al sexo y a enseñarles por qué vale la pena seguir el estándar de pureza de Dios en una cultura donde todo vale.

Has venido al lugar correcto. Quiero que sepas lo que dicen Dios, la medicina y el sentido común acerca del sexo. Por eso escribí este libro, para brindar respuestas honestas, directas e íntimas a las preguntas más frecuentes de los estudiantes en cuanto al sexo, al amor y a las relaciones. No hay pregunta

No hay pregunta que pase los límites.

■ ■ ■ ■ ■ ■ ■ ■ ■ ■

que pase los límites. Después de cincuenta años de hablar con más de 10 millones de jóvenes, aprendí que el conocimiento, no la ignorancia, es la clave que nos lleva a un matrimonio satisfactorio y una familia feliz.

Las respuestas de la cultura a nuestras preguntas acerca del sexo se quedarán cortas, pero eso no significa que no podamos encontrar las respuestas. La Biblia no se queda callada en cuanto al tema del sexo. Es por eso que utilizaremos a la Palabra de Dios como nuestra guía para abordar tus preguntas más urgentes acerca del amor y la intimidad.

De modo que arrima tu silla. Sírvete un café (yo me serviré una Coca-Cola Dietética) y acomódate. Hablemos del sexo.

---

* Para ver las referencias más actualizadas de las citas en este libro, visitar la página de internet www.josh.org.

1 ¿La abstinencia y la pureza son lo mismo?

La "abstinencia" ha sido siempre el grito de guerra de la Iglesia cristiana. Ahora, programas seculares han comenzado a incluir a la abstinencia como una "opción" para una vida sexual segura. Pero, ¿qué es la abstinencia en realidad? ¿Y cómo entra la abstinencia en el plan de Dios sobre el sexo?

La abstinencia simplemente significa evitar ciertas cosas. Uno puede elegir abstenerse de comidas, actividades o hechos específicos. Cuando se trata de la educación sexual, los que proponen el mensaje de la abstinencia quieren que los jóvenes le digan que no al sexo.

Sorpresivamente, los cristianos no son los únicos que te presionan a abstenerte. Los miembros del grupo de estudiantes de Harvard Verdadera Revolución de Amor urgen a sus integrantes a que le digan que no al sexo, basados en argumentos filosóficos, biológicos y relacionales.[4] El gobierno federal invierte millones de dólares en programas para la abstinencia cada año.[5] Incluso, la organización Planned Parenthood promueve la abstinencia como un comportamiento que previene de forma efectiva el embarazo y las ETS.[6]

El mundo reconoce que hay fuertes razones para abstenerse del sexo, pero el llamado de Dios va más allá de la abstinencia. Él nos llama a la pureza. Entonces, la pregunta es: ¿qué es la pureza?

Esa es una pregunta que durante años les he hecho a mis estudiantes. Por desgracia, nunca encontré a nadie que pueda definir a la pureza. ¿Puedes creerlo? Ni una persona. Ni siquiera los pastores. La pureza es uno de los conceptos más hermosos en la Biblia, y nadie parece saber lo que significa.

Quiero que entiendas la pureza, porque no es lo que tú piensas. Entender la pureza revolucionará tu manera de pensar en el sexo.

La pureza significa ¿estás listo para esto?, es decir, "vivir de acuerdo al diseño original".

En todos los aspectos de tu vida, si estás viviendo de la manera en la que Dios te diseñó para que vivas, eres puro o pura. Si no estás viviendo de la manera en la que Dios te diseñó para que vivas, no eres puro o pura. La abstinencia es un hábito, o incluso una regla. Básicamente: ¡No tengas sexo!

La pureza es un compromiso de vivir de acuerdo al diseño de Dios.

■ ■ ■ ■ ■ ■ ■ ■ ■ ■

Sin embargo, la pureza es una virtud. No es simplemente la elección de evitar el sexo. Es un compromiso de vivir de acuerdo al diseño de Dios. La pureza significa decirle no al sexo, pero sólo para que puedas disfrutar del sexo en la amorosa relación marital que Dios ha creado.

2 ¿Por qué Dios y la Biblia son tan negativos en cuanto al sexo?

A medida de que nuestra cultura promueve cada vez más el sexo sin límites, la mirada de Dios en cuanto al sexo parece cada vez más radical. Como el mensaje de la cultura está cada vez más a favor del sexo libre, muchas personas interpretan el mensaje de Dios acerca de la sexualidad como "anti-sexo". *Es lo más alejado que se puede estar de la realidad.*

Cuando se trata de cómo Dios ve el sexo, mucha gente, incluyendo cristianos, confunden la seriedad con la que Dios trata el tema con negatividad. Dios toma al sexo muy en serio. Pero la imagen que Él nos da acerca de la sexualidad es más intensa, vibrante y... bueno... sexy... de la que demuestra nuestra cultura. De hecho, apegarse al plan de Dios para la sexualidad conduce a un sexo que es más satisfactorio que las experiencias sexuales apoyadas por el mundo.

¿Cómo sabemos que Dios está a favor del sexo? Por la imagen dinámica del sexo que Él pinta en Su Palabra.

En Proverbios, el escritor habla acerca de un encuentro físico que es satisfactorio y embriagador (Proverbios 5:19). ¡Este no es un mensaje contra del sexo! Por el contrario.

El Cantar de los Cantares está lleno de descripciones vívidas de escenas de amor entre un hombre y una mujer. El libro cuenta la historia de dos amantes completamente inmersos en satisfacerse el uno al otro. La poesía del acto de hacer el amor es vívida y excitante, y Dios la ha incluido en Su santa Palabra.

En el Nuevo Testamento, el apóstol Pablo recomienda que las parejas casadas tengan sexo a menudo. El mensaje claro es que Dios creó el sexo para que nosotros lo disfrutemos y para Su gloria.

De hecho, no hay un solo versículo en la Biblia que diga que el sexo es "pecaminoso" o "sucio". Por lo general, los versículos que se citaban en relación con el sexo de manera negativa no tienen nada que ver con el sexo. Son acerca del mal uso del sexo fuera del diseño de Dios.

Dios desea que experimentemos el sexo en su plenitud.

Dios diseñó al sexo como un regalo para ser compartido entre un esposo con su esposa. Como el diseñador original, Dios creó esta experiencia sexual para que fuera excitante y satisfactoria. El mensaje de Dios en cuanto al sexo no es: "No lo hagas porque es pecaminoso o malo." Su mensaje es: "Espera, porque el sexo de acuerdo a este diseño es tan maravilloso que vale la pena protegerlo."

Para los cristianos que luchan por comprender el plan que Dios tiene para el sexo, la verdadera pregunta no es: "¿Por qué Dios es tan negativo en cuanto al sexo?" Mas bien, sería: "¿Es Dios realmente bueno?"

El plan de Dios para el sexo está remarcado con claridad en las Escrituras. Él quiere que disfrutemos del sexo, pero nos pide que esperemos hasta estar casados. El mundo enseña que el deseo de Dios que esperemos es una prueba de que Él nos quiere negar algo que pudiéramos disfrutar. Pero nada podría estar más lejos de la realidad.

Jeremías 29:11 hace esta promesa: "Porque yo sé muy bien los planes que tengo para ustedes afirma el Señor, planes de bienestar y no de calamidad, a fin de darles un futuro y una esperanza."

Salmo 31:19 dice: "Cuán grande es tu bondad, que atesoras para los que te temen, y que a la vista de la gente derramas sobre los que en ti se refugian."

Dios desea darnos cosas buenas. Los límites que Él establece en el sexo son para protegernos, no para privarnos. El mundo puede ver los límites en cuanto a la sexualidad como algo negativo, pero en realidad es todo lo contrario. Dios no está en contra del sexo. Está tan a favor que desea que todos los hombres y las mujeres experimenten el sexo de acuerdo a Su diseño original.

Si elegimos creerle a Dios cuando promete que tiene cosas buenas esperándonos, podemos aceptar totalmente su plan para el sexo, sabiendo que Él desea que experimentemos el sexo de la mejor manera.

3 ¿Para qué creó Dios el sexo?

La Biblia nos da tres razones específicas para el sexo. La primera puede parecer conocida, pero sigue leyendo. El plan de Dios para el sexo no es tan aburrido como crees.

#1: PROCREACIÓN

Probablemente sepas acerca de la primera razón por la que Dios ha creado el sexo. Se llama procreación, o sea, hacer bebés.

En Génesis 1:28, Dios les reveló a Adán y a Eva este propósito para el sexo cuando les dijo: "Sean fructíferos y multiplíquense; llenen la tierra y sométanla."

Dios nos ha dado una habilidad divina para crear vida a través del acto sexual. El comienzo de este versículo nos cuenta que la intención de Dios era que los resultados del sexo fueran una bendición. Cuando nacen de un compromiso a largo plazo entre un hombre y una mujer, ¡la bendición es inmensa!

Por supuesto que es posible hacer bebés fuera del matrimonio. Pero crear vida es una de las cosas más asombrosas que puede sucederle a uno. Merece ser celebrado sin la vergüenza y las distracciones de que sea en un mal momento, dentro de los límites de un matrimonio que honre a Dios.

#2: UNIDAD

Como seres humanos somos creados con un deseo profundo por la intimidad. Queremos conectarnos con otros seres humanos y con Dios. Dios creó ese deseo en nuestro interior. Parte de Su diseño para el sexo incluye cumplir esa necesidad de conexión personal.

Está probado científicamente que el sexo crea un vínculo entre dos personas. Pero los niveles de conexión y de intimidad más profundos sólo se pueden alcanzar siguiendo el plan de Dios para el sexo.

¡Dios quiere que el sexo sea divertido!

Génesis 2:24 dice: "Por eso el hombre deja a su padre y a su madre, y se une a su mujer, y los dos se funden en un solo ser."

Este pasaje habla acerca del vínculo entre un esposo y su esposa volviéndose tan fuerte que se convierten "en un solo ser". En otras palabras, se unen tanto que no se los puede separar.

El escritor de Génesis sabía intuitivamente lo que la ciencia ha confirmado recientemente. Los investigadores han descubierto una hormona llamada oxitocina, o la "hormona del abrazo".[7] La oxitocina es un químico que tu cerebro libera durante el sexo y la actividad que lleva al sexo. Cuando se libera este químico, produce sentimientos de cariño, confianza y afecto profundo. El mismo químico se libera cuando una madre le da el pecho a su bebé recién nacido. El propósito es crear un profundo apego o un vínculo humano.

Cada vez que tienes sexo con otra persona, tu cuerpo tiene una reacción química que le dice que debe "unirse". Dios creó los medios para satisfacer tu deseo de intimidad en un nivel biológico, pero hay una condición. La investigación ha probado que el diseño de Dios para la intimidad entre un esposo y su esposa, sin ningún otro u otra compañera sexual, es lo mejor.

Una encuesta de la Universidad de Chicago descubrió que los matrimonios monógamos registran los niveles de satisfacción sexual más altos. De acuerdo a la encuesta, el 87 por ciento de los matrimonios monógamos informaron que están "extremadamente" o "muy" satisfechos con sus relaciones sexuales y el 85 por ciento de ellos están "extremadamente" o "muy" satisfechos emocionalmente.[8] En otras palabras, ¡la oxitocina está fluyendo libremente en los cerebros de muchas parejas casadas! Extraordinariamente, los que menos satisfechos o satisfechas están (tanto física como emocionalmente) son los solteros o solteras y los matrimonios que tienen varios compañeros o compañeras.

Una investigación longitudinal por el Centro Nacional de Estadísticas de Salud y de la Universidad de Maryland descubrió que las mujeres que esperan a tener sexo hasta el matrimonio tienen un riesgo considerablemente menor de divorcio que las que son activas sexualmente antes del matrimonio.[9]

Cuando seguimos el diseño de Dios para el sexo, somos capaces de formar un vínculo con nuestra esposa o nuestro esposo que es muy difícil de romper (¿recuerdan que Génesis dijo que eso sucedía cuando "los dos se funden en un solo ser"?).

Cuando esperamos hasta el matrimonio para tener sexo, establecemos un inigualable nivel de intimidad.

#3: RECREACIÓN

Ya hemos establecido que Dios está a favor del sexo y que Él nos desea lo mejor. Aquí está la prueba de eso: Una de las razones por las cuales Dios creó el sexo es para que lo disfrutemos. ¡Así es! *¡Dios quiere que el sexo sea divertido!*

Podemos ver esto claramente en Proverbios 5:18-19: "¡Bendita sea tu fuente! ¡Goza con la esposa de tu juventud! Es una gacela amorosa, es una cervatilla encantadora. ¡Que sus pechos te satisfagan siempre! ¡Que su amor te cautive todo el tiempo!"

Fogoso, ¿verdad? Este pasaje habla acerca de un esposo siendo satisfecho por el cuerpo de su esposa. El texto original dice algo así, que su sexo "te embriague para siempre". Dios quiere que el sexo sea excitante y divertido.

Es verdad que el sexo fuera del matrimonio puede ser divertido, pero no puede alcanzar el nivel de diversión y placer que encontramos cuando nos apegamos al plan de Dios para el sexo.

Una vez más, la investigación prueba que el diseño de Dios lleva al mejor sexo. La mayoría de los estudios más importantes demuestran una fuerte correlación entre el matrimonio monógamo y la satisfacción sexual. Esos mismos estudios indican que las mujeres que comienzan

Dios creó el sexo para nuestro beneficio y Su gloria.

a tener relaciones sexuales tempranas y las que han tenido múltiples compañeros están menos satisfechas con sus vidas sexuales que las mujeres que se casaron con poca o ninguna experiencia sexual. El periódico *USA Today* llama a esta investigación "la venganza de las mujeres de la iglesia".[10]

El mundo enseña que el sexo sin límites es el más divertido, pero la investigación ha probado lo que ya nos enseña la Palabra de Dios. Dios quiere que disfrutemos del sexo y, cuando seguimos Su plan para nuestra sexualidad, encontramos un nivel de diversión y de placer inigualable.

Entonces, ¿para qué creó Dios el sexo? Está claro que lo hizo para nuestro beneficio y Su gloria. Cuando el sexo se disfruta de acuerdo al plan de Dios, ¡el resultado es asombroso! Cuando nos movemos afuera de los límites que Dios ha establecido para nuestras vidas sexuales, el placer se debilita, la intimidad pierde valor y las intenciones de las bendiciones de Dios como los resultados de nuestros encuentros sexuales pueden arruinarse.

4 ¿Cómo se define el "amor"?

La mayoría de los jóvenes, tanto las chicas como los chicos, afirman que estar enamorados es la razón para comenzar a tener relaciones sexuales. Claramente, el amor es un poderoso motivador de nuestro comportamiento, y sin embargo, la mayoría luchamos para definir lo que es el amor.

Quizás el amor sea el tema del que más se habla, escribe y canta en toda la historia. Desde las películas, a la música, a la poesía, todos parecen ofrecer una definición diferente de lo que es el amor.

- "El amor significa nunca tener que pedir perdón"- de la película *Historia de amor.*
- "El amor es un verbo"- líricas de DC Talk.
- "El amor es pasión, obsesión, que si nos falta nos quitaría las ganas de vivir"- de la película *¿Conoces a Joe Black?*
- "El amor es la amistad en llamas"- de la película *El hombre perfecto.*

La mayoría de las definiciones del amor sirven para canciones pegadizas o guiones de películas románticas, pero, ¿sirven para el mundo real? Cuando lo aplicamos a nuestras relaciones y nuestras experiencias sexuales, ¿siquiera sabemos lo que es el amor en realidad?

El amor es uno de los conceptos más intrincados y poderosos en el mundo. Sin embargo, me he dado cuenta que muy pocas personas parecen entenderlo. Definir el amor es un paso crucial para comprender el propósito y el diseño de Dios para el sexo. Después de todo, si no puedes definir lo que es el amor, ¿cómo puedes saber cuándo *estás* enamorado o enamorada? Si no puedes definir lo que es el amor, ¿cómo sabes cuándo *te encuentras* en una relación amorosa e íntima? Si no puedes definir lo que es el amor, ¿cómo puedes *expresar* amor a través del sexo? No puedes.

Para poder entender por completo lo que es el amor, miremos lo que no es.

EL AMOR NO ES UN SENTIMIENTO

Cuando éramos pequeños, nuestras madres podían ordenarnos a que comiéramos nuestros vegetales (esa es una acción), pero no podían ordenarnos que nos gustaran (eso es un sentimiento). Cuando le pido a la gente que me defina al amor, la mayoría me dice que es un sentimiento. Pero el amor no puede ser un sentimiento porque uno no puede dar órdenes a una emoción. Sólo se puede dar órdenes a una acción o a una decisión.

¿Quién nos puede ordenar a amar? ¡Dios puede y lo hace!

Juan 13:34 dice: "Este mandamiento nuevo les doy: que se amen los unos a los otros. Así como yo los he amado, también ustedes deben amarse los unos a los otros."

Efesios 5:25 declara: "Esposos, amen a sus esposas, así como Cristo amó a la iglesia y se entregó por ella."

Claramente, el amor es más que un sentimiento. Es una serie de decisiones. Cuando elegimos amar, nuestras emociones se pueden transformar, el amor se expresa por actos de la voluntad.

EL AMOR NO ES SEXO

Nuestra cultura enseña que "amor" y "sexo" son palabras intercambiables, y que el sexo es una herramienta de medición para saber si uno está o no está enamorado. Luego enseña que el sexo es un componente necesario para una relación amorosa. Pero la Palabra de Dios nos da una definición del amor que no tiene nada que ver con el sexo. Sin lugar a dudas, el sexo y el amor *no* son lo mismo.

¿Por qué es que el amor y el sexo se confunden con tanta facilidad? En la respuesta a la pregunta número 3, yo declaré que durante la actividad sexual el cerebro libera oxitocina, la

El sexo y el amor *no* son lo mismo.

"hormona del abrazo" que produce sentimientos de cariño, confianza y afecto profundo. Ese "sentimiento", combinado con el intento cultural de vender sexo y amor en un solo paquete, puede llevar a que muchos piensen que el sexo iguala al amor. Como ya sabemos que el amor no es un sentimiento y podemos determinar que la definición de amor del mundo es inconsistente, aún en el mejor de los casos, no hay dudas de que el sexo *no* es amor.

Como Dios diseñó al sexo para que nos vinculáramos los unos con los otros, cuando elegimos tener sexo fuera del matrimonio ponemos a las relaciones patas para arriba y confundimos las emociones hasta el punto que una persona puede malinterpretar al sexo como amor. Cuando seguimos el plan de Dios, el amor entre un hombre y una mujer ya se establece *antes* de que el sexo entre en la ecuación.

Elegir gratificar tus necesidades inmediatas ahora, ignorando el plan de Dios para el sexo, no es una expresión de amor. El verdadero amor esperará hasta el matrimonio para protegerte a ti y a tu pareja de los peligros potenciales del sexo extramarital, y brindará un futuro en el que el sexo estará en su punto más alto.

LA DEFINICIÓN DE DIOS DEL AMOR

La Palabra de Dios ofrece una definición clara del amor. Mantente enfocado conmigo mientras buscamos la palabra "amor" a través de varios pasajes para encontrar una definición que impacte con poder la manera en que vivimos.

En Mateo 22:39 Jesús dice: "Ama a tu prójimo como a ti mismo."

¿Cómo debemos amar a los demás? De la manera que nos amamos a nosotros mismos. Este pasaje no se refiere a un amor propio narcisista. Cuando nos amamos a nosotros mismos nos aseguramos de satisfacer nuestras necesidades. Por eso, el verdadero amor querrá satisfacer las necesidades del ser amado.

Efesios 5:28-29 ofrece otra pista de la definición de Dios para el amor. Dice: "Así mismo el esposo debe amar a su esposa como a su propio cuerpo. El que ama a su esposa se ama a sí mismo, pues nadie ha odiado jamás a su propio cuerpo; al contrario, lo alimenta y lo cuida, así como Cristo hace con la iglesia."

De manera específica, ¿cómo nos amamos a nosotros mismos? Nutriéndonos y cuidándonos. Si me amo a mi mismo de una manera bíblica, entonces me nutriré a mi mismo para madurar física, espiritual, mental y relacionalmente. Si realmente me amo, me cuidaré y me protegeré de todo lo que pueda detener ese proceso de nutrición.

La Palabra de Dios brinda la definición más simple del amor: *proteger* y *proveer*. El verdadero amor siempre, sin excepción, busca lo mejor para la persona amada. Su motivación siempre es la de "*proteger* y *proveer*".

¿Cómo entra el sexo en la definición de Dios del amor? Cuando el sexo está confinado al matrimonio, es una manera hermosa de proveer las necesidades físicas y emocionales de tu pareja. Pero afuera del matrimonio, el sexo los deja a ti y a tu pareja expuestos a lastimarse. Cuando elijes tener relaciones sexuales fuera del matrimonio, no estás protegiendo a tu pareja

La motivación del verdadero amor es siempre la de "proteger y proveer".

(ni a ti mismo) del potencial devastador de las consecuencias como un embarazo no planeado, las ETS, la culpa, la angustia y los objetivos obstaculizados.

Cuando nos movemos fuera del diseño de Dios, la línea entre el amor y el sexo se vuelve borrosa. No confundas los sentimientos cálidos con el amor. Y no aceptes la mentira de que el sexo es la mejor manera de expresar tu amor por alguien a quien quieres. Dios diseñó el sexo para el matrimonio y nuestra protección. Cuando la felicidad, la seguridad, el crecimiento espiritual y la salud de otra persona es tan importante para ti como las tuyas, tanto que deseas protegerlo a él o a ella de un daño potencial que pueda acarrear el sexo fuera del matrimonio, entonces sabrás que has encontrado al amor.

5 ¿A qué se refiere la Biblia cuando dice "Dios es amor"?

Nuestra habilidad para entender y aceptar por completo el plan de Dios para el sexo se basa enteramente en nuestra comprensión de quién es Dios.

1 Juan 4:16 describe a Dios así: "Y nosotros hemos llegado a saber y creer que Dios nos ama. *Dios es amor.* El que permanece en amor, permanece en Dios, y Dios en él" (énfasis agregado).

1 Juan 4:8 nos dice: "El que no ama no conoce a Dios, porque *Dios es amor*" (énfasis agregado).

La declaración "Dios es amor" no significa que Dios sea un sentimiento vago, cálido y electrizante. Recuerda, ya hemos establecido que el amor no es un sentimiento. Entonces, ¿cómo es en realidad el amor de Dios?

En Juan 15:12-13 Jesús dijo: "Y éste es mi mandamiento: que se amen los unos a los otros, como yo los he amado. Nadie tiene amor más grande que el dar la vida por sus amigos."

Dios es el ejemplo perfecto de lo que es el amor y cómo se comporta el amor. Jesús demostró esto viviendo una vida de amor y compasión aquí en la tierra. Su muerte en la cruz nos da una imagen del amor de Dios en acción. Su amor dramático por nosotros es el estándar por el cual Dios nos pide que amemos a los demás.

Dios nos dice que nos ama. Pero Él va más allá que meras palabras. Nos demuestra Su amor por nosotros una y otra vez.

Puedes decir: "¡Espera un momento! Si Dios me ama tanto, ¿por qué me quiere privar de cosas buenas como el sexo?"

Volvamos a la definición de amor que hemos debatido en respuesta a la última pregunta. El amor significa proteger y proveer. Los mandamientos de Dios no tienen la intención de privarnos de cosas o de restringirnos, sino de proveernos cosas buenas y proteger nuestro futuro.

En la Biblia hay varios mandamientos en los que Dios nos pide que le digamos "no" a ciertas decisiones o comportamientos. A pesar de que estos mandamientos puedan parecer negativos a primera vista, en realidad son una expresión profunda del amor de Dios. De hecho, cada vez que Dios nos dice "No", está demostrando Su amor protegiéndonos y proveyéndonos.

Deuteronomio 10:13 dice: "Y que cumplas los mandamientos y los preceptos que hoy te manda cumplir, *para que te vaya bien*" (énfasis agregado).

¿Para qué nos da mandamientos Dios? ¡Para nuestro propio bien! Incluso cuando las normas de Dios nos hacen sentir frustrados, podemos saber que Él nos ama y que Sus directivas fueron diseñadas para protegernos y proveernos.

> **Los mandamientos de Dios tienen la intención de proveernos cosas buenas y proteger nuestro futuro.**

Los mandamientos de Dios en cuanto al sexo son el ejemplo perfecto de este concepto.

En 1 Corintios 6:18 leemos: "Huyan de la inmoralidad sexual. Todos los demás pecados que una persona comete quedan fuera de su cuerpo; pero el que comete inmoralidades sexuales peca contra su propio cuerpo."

Dios nos pide que evitemos la inmoralidad sexual. ¿Por qué? Nos da la respuesta en el mismo pasaje en el que nos dice que esperemos.

"El que comete inmoralidades sexuales peca contra su propio cuerpo." Tener sexo afuera del diseño de Dios afecta nuestro cuerpo. Cuando te sales del plan de Dios para el sexo, tu cuerpo puede sufrir consecuencias serias. Aquí hay evidencia de eso:

- Aproximadamente uno de cada cuatro jóvenes adultos de entre 15 y 24 años contrae ETS cada año.[11]
- En el 2004, los CCPEEU estimaron que más de 18.000 jóvenes, de entre trece y veinticuatro años, estaban viviendo con SIDA/HIV (en las treinta y cinco áreas con informes de nombres confidenciales de HIV); casi 5.000 fueron diagnosticados sólo en el 2004, representando un 3 por ciento de todas las personas diagnosticadas ese año.[12]

- En el 2009, un total de 409.840 infantes nacieron de jóvenes de entre quince y diecinueve años de edad.[13] Muchos más que la mitad de estos embarazos no fueron planeados.[14]

Todos estos riesgos de salud se eliminan cuando dos personas esperan al matrimonio para experimentar el sexo. Hasta los desafíos asociados con los embarazos no planeados disminuyen cuando un bebé es concebido en el contexto de una relación marital amorosa y comprometida.

Claramente, Dios no nos pide que esperemos para tener sexo para arruinar nuestra diversión o restringirnos innecesariamente. Sus mandamientos en cuanto al sexo son evidencia de Su amor por nosotros, porque Él busca protegernos y proveernos de cosas buenas.

Porque "Dios es amor" busca nuestro bienestar en todo momento. Cuando entendemos este aspecto de la Biblia, podemos aceptar Sus mandamientos sabiendo que están escritos por un Dios amoroso, que sabe qué es lo mejor para nosotros.

6 ¿Cuál es el órgano sexual más poderoso de las personas?

Tu órgano sexual más poderoso no se cubre con tu traje de baño. La clave para el sexo máximo no se encuentra entre tus piernas. Se encuentra entre tus orejas. Cuando se trata del sexo, la magia se da en tu cerebro.

Aquí tienes un curso rápido de ciencia en cuanto a tu cerebro. A pesar de que solo pesa 1.3 kilogramos, tu cerebro contiene 10 mil millones de neuronas, 100 mil millones de células de soporte, y 100 billones de conectores que conectan a esas células y neuronas.[15] Cada segundo se crean un millón de conectores nuevos.[16] Tu cerebro es la masa más intrincada del universo.

Dentro de esa masa intrincada de células y conectores, se experimentan los elementos más excitantes del sexo. ¿Has escuchado la palabra "orgasmo"? Describe un sentimiento intenso de placer durante el sexo. Los investigadores han descubierto que durante un orgasmo el cerebro se enciende luego de recibir una dosis masiva de quí-

Casi dos tercios de los estudiantes activos sexualmente desearían haber esperado.

micos que dan sentimientos placenteros. Durante el sexo, el cerebro envía mensajes a todas las funciones físicas de cuerpo. Si los nervios no envían impulsos a la columna vertebral, no se puede tener un orgasmo. Cuando se trata de responder a experiencias sexuales, está claro que el cerebro está en la cima de la pirámide.

Pero no todos los cerebros están equipados para el sexo máximo. ¿Recuerdas esos cientos de billones de conectores? Cuando uno nace, esos conectores están desnudos. Al entrar en la adolescencia, un aislante llamado "mielina" recubre a estos conectores. La mielina se sigue formando hasta bien entrados los venti tantos. Este "conducto de mielina" actúa justo como el aislante de un cable eléctrico. Permite que los impulsos eléctricos sean enviados por tu cerebro para que viajen por el nervio más rápido y de manera más eficiente.[17] Algunos de los nervios que se cubren durante la adolescencia conectan áreas del cerebro que regulan el control de las emociones, del juicio y de los impulsos. En otras palabras tu cerebro no se conecta para tomar decisiones sabias y rápidas en cuanto al sexo hasta que llegas a los veinti tantos.

Los expertos de la neurociencia han descubierto que los cerebros adolescentes también siguen madurando en otras áreas. Una de las últimas partes de nuestro cerebro en madurar es el sistema a cargo de ser juiciosos y calmar nuestras emociones revoltosas. Se llama "la corteza pre frontal".[18]

Cuando nacemos, operamos afuera del sistema límbico, que se encuentra en la parte anterior e interior de nuestro cerebro. El sistema límbico es básicamente en donde encontramos las emociones en crudo. Cuando funcionamos desde nuestro sistema límbico, no somos capaces de tomar decisiones basándonos en el bien o en el mal; sólo podemos decidir basándonos en cómo nos sentimos.

Más tarde en la vida, nuestro centro de control para tomar decisiones pasa de ser el sistema límbico a la corteza pre frontal, que se encuentra en la parte frontal del cerebro. Desde la corteza pre frontal podemos tomar decisiones basándonos en la moral. El sistema límbico lidia con las urgencias y los apetitos. Sólo la corteza frontal puede tomar decisiones consistentes basándose en las consecuencias futuras. Piénsalo de esta forma: si el sistema límbico está hambriento como un león, la corteza pre frontal es un domador de leones bien entrenado. El león sólo quiere comer y no piensa en lo que pueda llegar a suceder si ataca a la presa equivocada para comer. El domador de leones utiliza recompensas y consecuencias para domar los apetitos animalescos del león.

Científicamente hablando, los jóvenes son leones. Durante la adolescencia, la corteza pre frontal está prácticamente dormida al volante y el sistema límbico está en piloto automático. De hecho, el interruptor para cambiar el funcionamiento del sistema límbico a la corteza pre frontal no suele completarse hasta llegar a los veinticinco años. Biológicamente hablando, la corteza pre frontal de los adolescentes no está madura para cumplir el rol de Director General o "jefe" del cerebro,[19] pero los jóvenes en esta etapa de desarrollo toman decisiones en cuanto al sexo que tendrán consecuencias por el resto de sus vidas.

Una encuesta reciente por el *Journal of Youth and Adolescence* descubrió que más del 60 por ciento de los jóvenes de entre diecisiete y dieciocho años han tenido sexo.[20] Sin embargo, sus cerebros no están totalmente equipados para tomar decisiones basadas en las futuras consecuencias. Quizás sea por eso que casi dos tercios de los estudiantes activos sexualmente desearían haber esperado.[21]

Los adolescentes pueden estar físicamente preparados para el sexo, pero su órgano sexual más poderoso, el cerebro, no estará equipado para el sexo máximo hasta tiempo después.

Volvamos a los propósitos del sexo de los que hablamos en la pregunta número 3. Recuerda que Dios ha creado el sexo para que lo disfrutemos y para que nos vinculemos a otra persona. Estos dos propósitos del sexo no son biológicos sino mentales. De acuerdo al diseño de Dios, las mejores recompensas para el sexo se dan en tu mente.

Tu órgano sexual más poderoso no se cubre con tu traje de baño.

En otras palabras, *todavía nadie ha inventado un condón para la mente.*

Sólo Dios es capaz de proteger a nuestro órgano sexual más poderoso hasta que estemos en esa relación en la que seamos capaces de disfrutar por completo el placer mental, emocional y físico que brinda el sexo.

Aquí tienes un buen consejo de la Palabra de Dios: "No se amolden al mundo actual, sino sean transformados mediante la renovación de su mente. Así podrán comprobar cuál es la voluntad de Dios, buena, agradable y perfecta" (Romanos 12:2).

7 ¿El sexo puede afectar a mi cerebro?

Hemos establecido que nuestro cerebro es nuestro órgano sexual más poderoso. La manera en la que tu cerebro responde al sexo a largo plazo está dramáticamente influenciado por las decisiones que tomes en cuanto a tu actividad sexual.

Recuerda que 1 Corintios 6:18 nos advierte que evitemos el sexo fuera del diseño de Dios porque al hacerlo pecamos contra nuestro propio cuerpo. Ahora los científicos sostienen la advertencia de Pablo estableciendo que cuando uno tiene sexo fuera del matrimonio, hay consecuencias físicas en el cerebro.

Sigamos la información en la ciencia del sexo para descubrir cómo el sexo cambia tu órgano sexual más poderoso.

EL VÍNCULO SE DA EN EL CEREBRO

¿Recuerdas a la oxitocina, la "hormona del abrazo"? Es la hormona de vínculo liberada durante la actividad sexual que crea sentimientos de cariño, confianza y afecto profundo. Este factor de unidad que todos anhelamos fue la razón que Dios inventó el sexo para que nos satisfaga incorporándolo en nuestras mentes.

El cerebro femenino recibe una dosis alta de oxitocina cuando recibe un toque o un abrazo. La vasopresina es una hormona que hace lo mismo en el cerebro masculino.[22]

En el contexto de una relación amorosa y comprometida, el cerebro libera niveles en aumento de oxitocina y vasopresina para mantener segura la unión. Dios diseñó nuestros cuerpos para que respondan físicamente a la intimidad a largo plazo, y esa respuesta se da en nuestro cerebro. Cuando se cambian compañeros o compañeras continuamente, los niveles de oxitocina disminuyen y la función de liberación de oxitocina de nuestro cerebro no funciona de la manera adecuada. La actividad sexual promiscua disminuye la producción de la vasopresina en el cerebro masculino, haciendo que los hombres se vuelvan desensibilizados al riesgo de las relaciones de corto plazo.[23] El sexo a corto plazo y sin compromisos puede cambiar el nivel químico de tu cerebro.

La oxitocina y la vasopresina no son las únicas respuestas sexuales generadas en el cerebro. El sexo también dispara un químico que "hace sentir bien" llamado dopamina. La dopamina se libera cuando hacemos algo excitante o gratificante. Si la oxitocina es el químico que nos dice cuándo estamos enamorados, la dopamina dice: "¡Tengo que conseguir más de eso!" Los investigadores han descubierto niveles altos de dopamina en los cerebros de las parejas que recién se enamoran.[24] La dopamina estimula el deseo disparando una ráfaga intensa de placer en el cerebro.

Es importante entender que la dopamina tiene un valor neutral.[25] No puede diferenciar entre los comportamientos constructivos y destructivos o entre las relaciones buenas o malas. En algunas formas la dopamina funciona como una droga. Nuestros cerebros necesitan dosis en aumento para poder lograr el mismo nivel de placer. El sexo afuera del matrimonio causa un deseo creciente de dopamina que tiene serias consecuencias en nuestras relaciones. Si la relación termina, afecta la liberación de la oxitocina, y necesita más y más contacto sexual para obtener la misma ráfaga de dopamina. Cada vez que pasas a una relación nueva, tienes que tener un poco más de contacto sexual para poder satisfacer el deseo de dopamina para tu cerebro, y el efecto de vinculación comienza a quebrarse. También, como la dopamina dispara sentimientos intensos de placer, las parejas activas sexualmente muchas veces sustituyen ese sentimiento de excitación con sentimientos de afecto. Sus relaciones se deterioran rápidamente ya que comienzan a buscar más dopamina en lugar de buscar la verdadera intimidad. La adicción al sexo es otra trampa que puede darse en el cerebro. Es posible volverse adicto a la respuesta cerebro/químico que se da durante el sexo, y luego la lucha para gobernar en el apetito sexual se vuelve más y más difícil de controlar.

Cuando se reserva el sexo para el matrimonio, nuestro cerebro sigue recibiendo dosis de neuroquímicos que hacen que el sexo sea excitante, y entonces nuestro cerebro es capaz de procesar esos químicos de una manera que promueve relaciones y respuestas saludables.

EL SEXO AFECTA TU MEMORIA

Existe evidencia comprobable de que tus experiencias afectan a tu cerebro. Cuando uno está en una situación emocional que involucra a los cinco sentidos, el cuerpo libera un químico llamado norepinefrina. La norepinefrina es el "químico de la memoria". Cuando experimentas un hecho altamente emocional o sensorial, la norepinefrina se libera en tu cerebro. Toma esa experiencia y la "pega" a tu cerebro para que la recuerdes. Ya que los encuentros sexuales son altamente emocionales y sensoriales, tu cerebro responde con una dosis de este químico de la memoria y adjunta cada experiencia a tu mente.

Cuando uno se casa, lleva esas experiencias "pegadas" a la relación. Puedes decir: "Cuando conozca a la persona con la que quiera estar para siempre, ni siquiera recordaré a las demás personas con las que estuve." No es así. Tus encuentros sexuales quedan grabados en tu cerebro. Se da en un nivel biológico. No podrás sacudirte de la memoria a tus demás compañeros o compañeras sexuales porque han cambiado el panorama de tu cerebro.

Hebreos 13:4 nos dice: "Tengan todos en alta estima el matrimonio y la fidelidad conyugal." Este versículo se traduce mejor así: "Que el acto sexual sea puro." Una definición de pureza es "que no contenga elementos extranjeros".[26] Cuando no esperamos hasta el matrimonio para tener sexo, mentalmente estamos incluyendo a los demás compañeros o compañeras a la cama porque están impregnadas permanentemente en nuestras mentes y afectan la manera por la cual respondemos a nivel químico.

> **No podrás sacudirte de la memoria a tus demás compañeros o compañeras sexuales.**

Luego de una charla acerca del compromiso, un amigo mío que es pastor me pidió que lo llevara al aeropuerto. La noche anterior había hablado acerca del sexo y al entrar al auto y comenzar nuestro viaje, mi amigo estaba muy callado. Finalmente dijo: "Josh, necesito tu ayuda. Durante más de dos décadas estuve casado con una mujer hermosa, pero nunca, nunca, estuve en la cama sólo con ella."

"¿A qué te refieres?" pregunté.

"Cuando estaba en la secundaria yo no era creyente y tuve muchos encuentros sexuales," me confesó. "Seguí así hasta la universidad. En la universidad confié en Cristo como mi Salvador y Señor, pero una de las áreas que no cambié fue mi vida sexual. En el primer año de la universidad conocí a mi esposa. Hasta ese entonces, nunca pensé que habría una mujer tan hermosa como ella. Nos enamoramos y nos casamos."

Prosiguió describiendo el impacto que tenía su pecado sexual en su matrimonio: "Ya en la noche de bodas, todos los recuerdos de esas otras mujeres, las memorias en el teatro de mi mente, comenzaron a pasarme por delante de mis ojos." Este hombre tenía los fantasmas de sus relaciones anteriores pegadas físicamente a su cerebro. Los resultados que recibía eran terriblemente destructivos.

El veredicto claro es que cada uno cambia la estructura de su cerebro con las decisiones que toma y las acciones en las que nos involucramos.

8 ¿La medicina moderna no ha eliminado las ETS y las infecciones?

Muchos estudiantes parecen creer que la medicina ha eliminado el riesgo de las enfermedades transmitidas sexualmente (ETS) y que hay una simple cura en el raro caso de contraer alguna. Desafortunadamente, están muy equivocados.

En la década de los años 60, los doctores trataron con dos ETS principales, la sífilis y la gonorrea. Ambas enfermedades se podían curar con una inyección. Hoy en día, los doctores reconocen 25 ETS principales,[27] de las cuales diecinueve *no tienen cura*.[28]

En ese mismo período, uno de cada sesenta adolescentes activos sexualmente contraían ETS. Para la década de los años 70, el número saltó a ser de uno de cada cuarenta y siete.[29] Hoy en día, uno de cada cuatro adolescentes activos sexualmente está infectado.[30]

A pesar de los esfuerzos por curar las ETS y de evitar su propagación, la variedad y el rango de las ETS se está incrementando, no disminuyendo. Ahora mismo hay 70 millones de estadounidenses que viven con una ETS.[31] Aproximadamente 65 millones de esos casos no tienen cura.[32] Alrededor del mundo, 330 millones de personas contraen ETS cada año.[33]

Hoy en día, uno de cada cuatro adolescentes activos sexualmente está infectado.

Los jóvenes son especialmente vulnerables a contraerlas. En los dos primeros años desde su primer encuentro sexual, la mitad de las mujeres adolescentes contraen al menos una de las tres ETS más comunes. Los Centros para el Control y la Prevención de Enfermedades (CCPEEU) estiman que en Estados Unidos cada año aparecen 19 millones de ETS. Casi la mitad de los involucrados son jóvenes de entre quince y veinte años de edad.[34]

Es casi imposible ser promiscuo sexualmente y vencer a las probabilidades. Si uno elige mantener relaciones sexuales afuera del matrimonio, las probabilidades de contraer una infección son al menos de uno en cuatro.[35] Cuantos más compañeros o compañeras sexuales agregues, más probabilidades habrá de que contraigas una infección.

Puede ser que mires a esos números y pienses: "Si sólo uno de cada cuatro adolescentes activos sexualmente contraen ETS, significa que hay probabilidades de que no me suceda a mí. Además, existen medicinas para estas enfermedades, ¿verdad?" ¡Estás equivocado! La mayoría de las ETS son incurables porque son virus. Todos los virus son incurables, desde las ETS hasta el resfrío común. Hay tratamientos para algunas ETS, pero muchos de ellos son tratamientos largos y dolorosos necesarios después de un momento de placer. Incluso algunas ETS tratables están comenzando a volverse resistentes al tratamiento.

Cada año, el identificar y tratar las ETS produce un gasto de $16 mil millones de dólares al sistema de cuidado de la salud.[36] Los médicos investigadores trabajan constantemente para combatir ese gran número de ETS con tratamientos nuevos.

Un descubrimiento reciente es una vacuna para la ETS más común: el VPH, o el virus del papiloma humano. Muchos consideran a la vacuna como el paso más grande en la lucha contra las ETS, pero en realidad, la vacuna ofrece muy poca protección del riesgo verdadero. Para comenzar, la vacuna del VPH sólo sirve para las mujeres. Todavía no hay una vacuna para los hombres. La vacuna sólo es efectiva en un 70 por ciento. Hay que dársela cuando se es joven, y no tendrá efecto alguno si eres una mujer que ya está infectada. La vacuna no lidia con todos los virus del VPH que causan cáncer. La duración de la inmunidad que brinda la vacuna es desconocida. Ya que es una droga nueva, podría llevar años descubrir cuánto dura la inmunidad que ofrece para el 70 por ciento de las mujeres que se dan la vacuna.[37] Repito, las probabilidades de protección no son altas.

Más allá de la enfermedad, las consecuencias de una infección por ETS son devastadoras. Aproximadamente 100.000 mujeres en los Estados Unidos de entre quince y veinticinco años nunca podrán tener hijos a causa de una ETS.[38] Los CCPEEU estiman que, anualmente, casi 8.000 hombres contraen VPH relacionado con el cáncer.[39] Más de 17.000 estadounidenses mueren de SIDA cada año.[40]

Si vas a tener sexo fuera de los límites de protección de Dios, las probabilidades de escapar a las ETS están en tu contra. Esto está probado científicamente.

La comunidad médica reconoce estas probabilidades. El gobierno también. De hecho, el gobierno ha invertido $400 millones de dólares a los CCPEEU para la investigación y la prevención de las ETS.[41] Sin embargo, la incidencia de las ETS está creciendo. Dicho en pocas palabras, no podemos esperar que el

Los doctores reconocen 25 ETS principales, de las cuales diecinueve *no tienen cura*. ■ ▪ ▪ ■ ▪ ■ ▪ ■ ▪ ■

gobierno o la comunidad médica nos protejan de las consecuencias de una elección de la que Dios nos ha advertido.

Recuerda que las normas de Dios para el sexo fueron creadas para protegernos y proveernos. ¿Qué probabilidades hay de contraer una enfermedad transmitida sexualmente en una relación de matrimonio pura? *Cero.* Esas sí son probabilidades con las que uno puede vivir.

9 ¿Cuál es la ETS más común?

La mayoría, adolescentes y adultos, estamos muy mal informados en cuanto al tema de las ETS. Muy poca gente ha escuchado hablar alguna vez de la ETS más común o están al tanto de que es incurable.[42] ¿Cuál es? El virus del papiloma humano (VPH).

El VPH es una infección viral transmitida sexualmente. Es fácilmente contraíble y por lo general los condones no nos protegen de ella. Quizás sea por eso que los CCPEEU reconocen al VPH como la ETS número uno en los Estados Unidos y alrededor del mundo.[43]

Una fuente informa que casi 6 millones de estadounidenses contraen VPH cada año.[44] Para ayudarte a entender cuántas personas incluye eso, 6 millones es casi dos veces el tamaño de la población de Los Ángeles, California. Desmenuza ese número y 458.333 personas contraen VPH cada mes. Eso es aproximadamente toda la población de Nueva Orleans. Más de 100.000 personas contraen VPH cada semana. Más de 15.000 individuos activos sexualmente la contraen diariamente, 627 cada hora y 19 personas la contraen cada minuto. Ahora mismo, 20 millones de estadounidenses están infectados de VPH.[45] ¡Esa es aproximadamente la misma cantidad de personas que viven en todo el continente de Australia!

Una mirada más cercana a la información acerca del VPH revela números aún más asombrosos.

- El 80 por ciento de todas las mujeres tendrá VPH para cuando tengan cincuenta años.[46]
- El 70 por ciento de los hombres que mantienen relaciones sexuales contrae VPH.[47]
- El 50 por ciento de los individuos activos sexualmente están, o han estado, infectados de VPH.[48]
- 80 millones de estadounidenses de entre quince y cuarenta y nueve años han contraído VPH genital en algún momento de sus vidas.[49]

- El rango más alto de infecciones de VPH lo tienen las personas de entre 20 y 24 años: 26.8 por ciento de los hombres y mujeres en ese rango de edad están infectados.[50]

Recuerda que una gran cantidad de casos de VPH nunca son reportados debido a la vergüenza, el pudor, la negación o la falta de síntomas.

Como el VPH es un virus, no tiene cura. Como los virus crecen en la piel húmeda, son pasados fácilmente. Los expertos estiman que el rango de transmisión en cada acto sexual con un compañero que sufre de VPH es de 50 por ciento. El 90 por ciento de los compañeros sexuales también se contagia.[51]

Parte del alto índice de transmisión se debe al hecho de que el virus por lo general no muestra síntomas por largos períodos de tiempo. El VPH se puede "esconder" en el cuerpo durante años sin ser descubierto.[52]

El riesgo más alto asociado con el VPH es el cáncer. El 70 por ciento de las mujeres infectadas de VPH luego desarrollarán cambios pre cancerosos en la cerviz.[53] El VPH ha sido relacionado con más del 90 por ciento de todos los cánceres que invaden la cerviz, que es la segunda mayor causa de muertes por cáncer entre las mujeres, luego

Ahora mismo, 20 millones de estadounidenses están infectados de VPH.

del cáncer de mamas.[54] El VPH que lleva al cáncer de cerviz se da cada año en 13.000 mujeres estadounidenses. Aproximadamente 5.000 mueren por la enfermedad.[55]

En los últimos cinco años, más mujeres han muerto por el VPH que por el SIDA y el HIV.[56] Sin embargo, el VPH no es una enfermedad de la que se habla mucho. La escuela de medicina de la UCLA descubrió que en más del 90 por ciento de todos cánceres de cerviz y de vulva (es epidémico) en las mujeres existe la presencia de VPH.[57] Es por eso que los CCPEEU dicen que el cáncer se transmite sexualmente.[58]

¿Los hombres pueden contraer VPH? ¡Sí, pueden! El ochenta por ciento de las mujeres habrán contraído VPH para cuando tengan cincuenta años, pero eso no significa que el VPH es una enfermedad de las mujeres. Un nuevo estudio internacional hecho por el Instituto Nacional de Cáncer de los Estados Unidos descubrió que el 50 por ciento de los hombres de entre dieciocho y setenta años (hayan o no tenido relaciones sexuales) en Brasil, México y los Estados Unidos están infectados con esta enfermedad.[59]

Muy pocos jóvenes se dan cuenta que el VPH es un riesgo asociado con la actividad sexual. Menos aún entienden las abrumadoras posibilidades de contraer VPH, y muy pocas personas comprenden que el VPH puede ser letal.

Cuando se trata del VPH, la comunidad médica publicó grandes cifras que representan un gran problema. Dios ve el índice de esta enfermedad, pero a Él le interesa un número mucho más pequeño. Cuando Dios nos entregó los parámetros para el sexo, Él tenía a una persona en mente: a ti. Te pide que tomes una decisión: esperar a una persona, tu esposa o esposo. Está claro que las estadísticas del VPH indican que Su motivación fue proteger un cuerpo y un futuro, el tuyo.

10 ¿Las mujeres contraen más ETS que los hombres?

Los muchachos son más activos sexualmente que las muchachas, y sin embargo es más probable que las mujeres contraigan una ETS.[60] Por ejemplo, un estudio demostró que el 21 por ciento de las mujeres que sufren de herpes genital (HSV) se compara con un 11.5 por ciento de hombres que la sufren.[61] De las veinticinco ETS principales, la mayoría dañan principalmente a las mujeres.

¿Por qué las mujeres corren más riesgo? Es todo cuestión de biología. La mayoría de las ETS son virus. Crecen y se multiplican en un ambiente cálido y húmedo sin oxígeno, como el de los genitales femeninos,

Los muchachos son más activos sexualmente que las muchachas, y sin embargo es más probable que las mujeres contraigan una ETS.

■ ■ ■ ■ ■ ■ ■ ■ ■ ■

no como el pene del hombre. Cualquier virus transferido al pene del hombre no puede sobrevivir una vez que se lo expone al oxígeno. El resultado final es que las mujeres corren más riesgo de infectarse y dañarse. Es una realidad devastadora.

Aquí hay algunos hechos aleccionadores acerca de las mujeres y las ETS:

- Entre el 80 y el 90 por ciento de las mujeres que sufren de clamidia no tienen ningún síntoma.[62]
- Los vagos síntomas asociados con la enfermedad de inflamación pélvica (EPI) hace que el 85 por ciento de las mujeres tarden en consultar a un médico, incrementando mucho su riesgo de fertilidad.[63]
- Los índices de sífilis entre las mujeres incrementó un 36 por ciento entre el 2007 y el 2008.[64]
- Los índices de cáncer de cerviz están incrementando entre las mujeres jóvenes,[65] que puede reflejar un incremento en la exposición a las ETS, incluyendo el VPH.
- La cantidad de mujeres son HIV pronto será mayor a la de hombres con HIV.[66]
- Las mujeres que contraen una ETS durante el embarazo pueden tener trabajo de parto prematuro, ruptura prematura de membranas o infecciones urinarias antes y después del parto.[67]
- Se estima que entre el 30 y el 40 por ciento de los partos prematuros y de las muertes de infantes se deben a ETS.[68]

La consecuencia más común de las infecciones de ETS para las mujeres es la infertilidad. Las ETS causan infertilidad en las mujeres porque provocan cicatrices irreversibles en las trompas de Falopio y en el revestimiento del útero. Los hombres pueden estar expuestos a las mismas ETS sin poner en riesgo su fertilidad porque sus órganos reproductores no sufren cicatrices. Para otras mujeres, el resultado final de la infección es el cáncer de cerviz. Obviamente, los hombres son inmunes al cáncer de cerviz, ya que no tienen cerviz.

Está claro que cuando se ignoran los parámetros de Dios para el sexo, la gente, en especial las mujeres, pagan un precio muy alto.

PR 11 ¿Es verdad que los jóvenes contraen más ETS que los demás?

Una de las marcas tradicionales de la adolescencia es el sentimiento de invencibilidad basado en la noción de que las cosas malas le suceden a "los demás". Cuando se trata de los adolescentes y el sexo, la realidad no podría ser más alarmante.

Nuestra cultura define a los jóvenes como aquellos entre los doce y los veinticinco años. En los Estados Unidos, los jóvenes representan el 17 por ciento de la población. Y aún así, dos tercios de todas las ETS se dan en personas de menos de veinticinco años.[69]

En los Estados Unidos, por año, se contraen 19 millones de ETS.[70] En los Estados Unidos, por año, tres millones de ETS son contraídas por jóvenes de entre trece y diecinueve años.[71] Más de 9 millones de ETS en los Estados unidos son contraídas por jóvenes de entre quince y diecinueve cada año.[72] Esto significa que dos tercios de las ETS son contraídas por sólo el 17 por ciento de la población estadounidense.[73]

Dentro de los dos años de la primera relación sexual, el 50 por ciento de los adolescentes contraerá alguna ETS.[74] Aproximadamente el 25 por ciento de los adolescentes activos sexualmente contraen una ETS cada año.[75] Eso no es uno de cada cuatro contrayendo una ETS mientras está en la secundaria. Eso quiere decir que hay una probabilidad de uno cada cuatro de contraer una ETS *cada año* de la secundaria. De los adolescentes que tienen sexo, uno de cada tres se graduará de la secundaria con un diploma y una enfermedad transmitida sexualmente.

No trates de desmenuzar estos números. Tómate un minuto para que estos hechos aleccionadores acerca de los adolescentes y las ETS se asienten en tu mente.

- En el 2006, los adolescentes y los jóvenes adultos de entre trece y veintinueve años marcaron el incremento más alto de infecciones nuevas de HIV (34 por ciento), más que cualquier otro grupo.[76]
- Tres de cada cinco estadounidenses que viven con HIV lo han contraído durante su adolescencia.[77]
- A pesar de que la juventud tiene un alto riesgo de contraer ETS, sólo un tercio de los adolescentes activos sexualmente (de entre quince y diecisiete años) y la mitad de los jóvenes adultos activos sexualmente (de entre dieciocho y veinticuatro años) se han hecho exámenes de ETS.[78]
- Los adolescentes son hasta diez veces más susceptibles a la enfermedad pélvica inflamatoria (EPI) que los adultos,[79] que el resultado final es la infertilidad para muchas mujeres jóvenes.
- En el 2002, el 50 por ciento de los casos de clamidia informados por los CCPEEU han sido en los adolescentes.[80]
- En el 2002, la gonorrea ha sido la enfermedad infecciosa más común reportada entre las personas de entre quince y veinticuatro años.[81]
- Casi 25.000 jóvenes de entre quince y veinticuatro años contraen una ETS cada día. Eso se traduce a 1.039 cada hora.[82]

¿Por qué los adolescentes son más susceptibles a las enfermedades transmitidas sexualmente? Las dos respuestas simples son: por la *biología* y por el *comportamiento*.

Las razones biológicas para la susceptibilidad a las ETS se relacionan específicamente con las mujeres. En su revestimiento del cuello uterino, una joven tiene grandes cantidades de células llamadas "células columnares."

Estas células están expuestas a lo largo de todo el revestimiento del cuello uterino.[83] Al crecer, estas células columnares forman capas con las células del epitelio escamoso estratificado. Estas células comienzan a formar capas y eventualmente acompañan por completo a las células columnares.[84] Pero este proceso no se completa hasta que la mujer llega a los veinticinco años.

De los adolescentes que tienen sexo, uno de cada tres se graduará de la secundaria con un diploma y una enfermedad transmitida sexualmente.

¿Cuál es la diferencia entre estos dos tipos de células? Las células columnares son extremadamente receptivas. Piensa en ellas como si fueran esponjas mojadas. Cualquier enfermedad que entre en contacto con estas células es casi seguro que se pegarán, como se pegarían la tierra o la arena a una esponja mojada. De hecho, las células columnares son más de un 80 por ciento más receptivas a las infecciones que las células del epitelio escamoso estratificado que se encuentran en la cerviz de una mujer de más de veinticinco años.[85]

Al llegar a los veinticinco años, la cerviz de la mujer comienza a endurecerse y a rechazar los virus que entren en contacto con ella. Si las células columnares son una esponja mojada, las células del epitelio escamoso estratificado son como una esponja seca que nunca ha sido utilizada. Como es dura y compacta, es más probable que la tierra y la arena reboten al tocar a la esponja seca.

Pero aquí no estamos hablando de tierra. Estamos hablando de virus que ponen en serio riesgo la salud de las mujeres jóvenes y de sus compañeros sexuales masculinos. Por ejemplo, una muchacha de quince años tiene una probabilidad de uno en ocho de contraer enfermedad pélvica inflamatoria (EPI) por el simple hecho de tener sexo, mientras que una mujer de veinticuatro años tiene una probabilidad de sólo uno en ochenta en la misma situación.[86] Otra diferencia en el revestimiento del cuello uterino de una mujer joven es que las células columnares pasan el virus directamente a la corriente sanguínea, y en una mujer mayor es mucho más difícil que el virus llegue a la sangre. Por lo general, una adolescente tiene 80 por ciento más probabilidades de contraer una ETS que alguien de más de veinticinco años.[87]

¿Te has dado cuenta que los cambios en la cerviz de una mujer suceden en la misma etapa que cuando el cerebro cambia del sistema límbico (emociones en crudo) a la corteza pre frontal (tomar decisiones basándose en la moral)? Está claro que Dios nos ha equipado para el sexo en su estado máximo para que esperemos a Su tiempo.

La biología no es el único factor que pone a los jóvenes en riesgo de la exposición a las ETS. Muchos jóvenes toman decisiones basadas en el comportamiento que los ponen en la mira de disparo de las infecciones. Los CCPEEU informan que los adolescentes tienden a buscar compañeros sexuales mayores que ellos. Los adolescentes activos sexualmente también tienden a tener múltiples compañeros sexuales, aumentando el riesgo a una infección. Un estudio descubrió que el 75 por ciento de los adolescentes que comienzan a tener relaciones sexuales antes de los dieciocho años tienen dos o más compañeros, y el 45 por ciento tiene cuatro o más compañeros.[88]

> **Dios nos ha equipado para el sexo en su estado máximo para que esperemos a Su tiempo.**

La cantidad de jóvenes infectados con una ETS sigue creciendo a una taza alarmante. El costo individual de esta tendencia es claramente demasiado alto.

¿Qué dice Dios de esto? Miremos a 1 Timoteo 4:12: "Que nadie te menosprecie por ser joven. Al contrario, que los creyentes vean en ti un ejemplo a seguir en la manera de hablar, en la conducta, y en amor, fe y pureza."

¿Quién elevará el estándar cuando se trata de los jóvenes y el sexo? ¿Quién será un ejemplo en la manera en la que viven y en sus estándares de pureza? ¿Quién decidirá que los riesgos son demasiado altos y que el diseño de Dios es lo mejor? ¿Tú?

12 ¿No es seguro el sexo si utilizamos un condón?

Tu generación ha recibido el mensaje de que los condones significan sexo seguro y que el sexo seguro te permite disfrutar del sexo sin ningún riesgo. Te han mentido.

Hace varios años, los propagadores del mensaje del sexo seguro hicieron un cambio sutil en el mensaje. Ahora, en lugar de promover el "sexo seguro", los que apoyan al condón recomiendan que los jóvenes tengan "sexo más seguro". ¿Por qué el cambio? Porque una mirada a los hechos demuestra que los condones no son seguros. Puedes utilizar un condón y aún así contraer una ETS. Puedes utilizar un condón y aún así quedar embarazada. Y ningún condón te protegerá de las traumas emocionales y las desiluciones del sexo afuera del diseño de Dios.

LOS CONDONES Y LAS ETS

Científicamente, es imposible "utilizar un condón y tener sexo seguro". La mejor manera de decirlo sería: "Utiliza un condón y experimenta un sexo menos peligroso" (de una conversación personal con el Dr. Robert Redfield, experto en SIDA). Los condones ofrecen cierta protección contra unas pocas ETS; brindan algo de protección contra cinco de las veinte ETS más importantes. La mejor reducción se da con el HIV. Los investigadores estiman que los condones reducen la transmisión de HIV del 85 al 87 por ciento. Para la gonorrea y la clamidia, el riesgo de transmisión se reduce en un 50 por ciento.[89] Estos números pueden parecer impresionantes, pero piensa en la magnitud del riesgo que te piden que tomes los que promueven el sexo seguro. El HIV no tiene cura; el resultado final de la infección es la muerte. Utilizando condón el 100 por ciento de las veces, sigue existiendo un 15 por ciento de posibilidades de contraer una infección si tu compañero sexual sufre de esa enfermedad. Tus probabilidades de contraer gonorrea o clamidia son algo así como una en dos. Los efectos a largo plazo de estas ETS incluyen la esterilidad. Muchos hombres y mujeres infectados con estas dos ETS no muestran síntomas y pueden pasarle la enfermedad a sus compañeros sexuales sin siquiera saberlo. Incluso si utilizas condón cada vez que mantienes una relación sexual puedes contagiarte, poniendo en riesgo tu habilidad de tener hijos.

Mientras los condones sólo brindan una protección parcial contra el HIV, la gonorrea y la clamidia, no brindan protección alguna para muchas otras ETS. De hecho, para la mayoría, el condón no reduce las ETS, porque la mayoría de las ETS son virus. Se contagian por zonas del cuerpo a las que el condón no cubre.

El VPH es un ejemplo principal. El VPH es la ETS número uno. El cincuenta por ciento de los individuos activos sexualmente sufren o han sufrido de VPH.[90] Las probabilidades de encontrarse con un compañero sexual que sufra de esto son muy altas. Como el VPH es un virus, crece en la piel húmeda y se contagia muy fácilmente.

Los que promueven el sexo más seguro incitan a los jóvenes a que tengan sexo con protección. Pero los condones no te protegen adecuadamente de ETS y las consecuencias

Puedes utilizar un condón y aún así contagiarte de una ETS o quedar embarazada.

pueden ser devastadoras. Claramente, el sexo seguro por medio del uso del condón no es para nada seguro. De hecho, ni siquiera hace falta tener sexo para contagiarse de varias ETS.

El Instituto Nacional de la Salud (INS) es una de las organizaciones médicas más importantes del mundo. El INS reconoce que el "contacto sexual sin penetración" – o las caricias íntimas – "es una ruta posible para la transmisión [de VPH y muchos otros virus] en las personas vírgenes".[91] ¡Sólo acariciándose! ¿Por qué? El VPH y otras ETS virales se contagian por la humedad en la base del pene y la vagina. Estas son zonas que el condón no cubre. Si quieres utilizar un condón y tener "sexo seguro", tu condón tendría que ser más como un traje de neopreno que te cubra todo el cuerpo.

Por eso es que el INS también pronunció: "Los condones no reducen la transmisión del VPH."[92] ¡Eso no lo leerás en una caja de condones!

Los estudios demuestran que incluso cuando sus compañeros utilizan un condón cada vez que tienen sexo, la mujer que tiene sexo con un hombre que sufra de una ETS tiene un 37,8 por ciento de probabilidades de contagiarse.[93] En realidad, los riesgos pueden ser más altos aún. Hace poco, una universidad hizo un estudio de hombres y mujeres infectados con VPH. Aquellos que sufrían de VPH y tuvieron sexo sin utilizar un condón, en sólo tres actos sexuales, el 44 por ciento de sus compañeros o compañeras se contagiaron.[94] Si la enfermedad hubiese sido el SIDA, los condones hubiesen reducido ese número a 4 por ciento (buenas noticias a menos que te encuentres dentro de ese 4 por ciento de infectados). De los que usaron condón, el 42 por ciento se contagiaron, lo que significa que los condones redujeron el riesgo de infección en solo un 2 por ciento.[95] ¿Por qué ese margen tan pequeño? Porque los condones no cubren la zona por donde se contagia el virus.

CONDONES Y EMBARAZO

Puede ser que los condones no te protejan totalmente de las ETS, pero al menos eliminan el riesgo de un embarazo no deseado, ¿correcto? Incorrecto.

La mujer promedio puede quedar embarazada ocho días al mes. Eso es igual a noventa y seis días al año. Cuando el gobierno forzó a las compañías de condones a que calcularan el índice de error de sus productos, descubrieron que con una mujer promedio, de entre veinte y veinticuatro años de edad, cuando los condones se utilizan cada vez que se tiene sexo, hay un índice de error de 31 por ciento.[96] Para ponerlo en términos humanos, eso significa que de cada diez estudiantes que tienen sexo utilizando condón, tres de ellas experimentará un error en el condón, poniéndolas en riesgo de quedar inesperadamente embarazadas.

Las mujeres pueden quedar embarazadas ocho días al mes, o noventa y seis días al año. Sólo las mujeres pueden quedar embarazadas. Pero uno puede contraer una ETS 365 días al año. Los hombres y las mujeres corren el mismo riesgo. Si un condón tiene un índice de error en cuanto al embarazo de 31 por ciento en noventa y seis días, ¿cuál será el índice de error para una ETS en 365 días? ¿Comienzas a sentir que has sido engañado?

LA CLARA VERDAD

¿Sabías que la FDA (Food and Drug Administration de E.U.A.) se niega a certificar condones? ¿Por qué? Porque el índice de error está fuera de los estándares. Otra agencia del gobierno, el CCPEEU, dice que la abstinencia es la única manera a prueba de fuego para evitar las ETS.[97] La segunda manera es la monogamia mutua con un compañero o una compañera que sepas que no está enferma. Yo llamo a eso matrimonio.

El mundo enseña que el sexo seguro lleva a la libertad. El único problema es que el sexo seguro no es seguro. Claramente, la diferencia entre sexo seguro y sexo más seguro es enorme. Los condones brindan la ilusión de seguridad sin reducir de manera significativa los riesgos. Y en el mercado no existe un condón o un anticonceptivo que te proteja de la influencia del sexo en tu cuerpo, cerebro y corazón. Dios desea brindar seguridad real con Su diseño de no tener sexo afuera del matrimonio. Sólo Su plan para tu vida sexual ofrece una protección al 100 por ciento.

13 Aunque ninguno de los dos tengamos síntomas, ¿podemos tener una ETS de todas formas?

¡Puedes apostar sobre eso! Aquí tienes los datos básicos acerca de las ETS ocultas.

- El VPH se mantiene completamente oculto en el cuerpo por diez o doce años promedio; uno ni siquiera se entera que está enfermo.[98]

- El 90 por ciento de las infecciones de VPH no demuestran síntomas.[99]
- En cuanto a la clamidia, el 80 por ciento de las mujeres y el 40 por ciento de los hombres no tienen síntomas.[100]
- Los síntomas para el HSV II, también conocido como a herpes genital, son tan leves que el 80 por ciento no tienen síntomas o no reconocen sus síntomas.[101]
- El HIV puede incubarse durante quince años sin mostrar ningún síntoma.[102]
- A pesar de que estas ETS no tienen síntomas, de todas formas pueden contagiarse entre compañeros sexuales.

La línea final es que no puedes confiar en tu cuerpo para que te avise cuando tú o tu compañero contrajeron una ETS. Los adolescentes activos sexualmente informan que el embarazo es su mayor temor, porque es el más visible. Pero las ETS son un riesgo mucho más alto. La mayoría de las veces no hay forma de saber si tú o tu compañero ya están infectados.

Como la mayoría de las ETS no tienen síntomas físicos, muchos adolescentes creen que no corren riesgo. Los medios se suman al problema bombardeándonos con imágenes de sexo sin consecuencias. Más de dos tercios de los programas de televisión (68 por ciento) tienen contenido sexual.[103] Un estudio reciente descubrió un promedio de diez incidentes de comportamiento sexual en la red de televisión durante la hora pico de la televisión.[104] Sin embargo, nadie en la televisión parece pagar un precio. ¿Cuándo fue la última vez que has visto a alguien en la televisión contraer una ETS? La gente entra y sale de la cama con diferentes compañeros y compañeras, y nadie se enferma. Nunca nadie le pide a su compañero o compañera sexual que se haga un examen médico.

Todo esto nos lleva a lo que yo llamo la "tarjeta de crédito" frente al sexo. Es la idea de que uno puede jugar ahora y pagar después. Escucha: *Pagarás*. Para cuando tu cuerpo comience a demostrar síntomas, el precio ya será muy alto.

Muchachas, imaginen tomar la decisión de volverse activas sexualmente en el segundo año de la secundaria. Nunca tienen síntomas algunos de una ETS y nunca se hacen un examen. Varios años después se encuentran con el hombre de sus sueños. Se casan e intentan comenzar una familia, pero no pueden quedar embarazadas. Cuando van al doctor para hablar acerca de su fertilidad, él les dice que tienen EPI. Nunca tuvieron síntomas, pero en algún tiempo sufrieron de clamidia. Ahora tienen que conducir hasta su casa y contarle a su esposo que él nunca tendrá hijos propios.

Muchachos, imaginen un escenario similar. Pierden su virginidad con una muchacha a la que pensaban que amaban a los quince años. Diez años después se dan cuenta lo que es el amor realmente y se casan con su esposa. Ella es virgen el día de su casamiento. Varios años después de estar casados su esposa comienza a sufrir sangrados anormales. Va al médico y descubre que tiene cáncer de cerviz, probablemente causado por el PVH que ustedes le contagiaron sin siquiera saberlo. A pesar de que ella elige esperar, se ve forzada a pagar un precio muy alto porque ustedes no lo hicieron.

Los medios nos bombardean con imágenes de sexo sin consecuencias.

Para cuando se dan cuenta que están enfermos, su cuerpo ya puede estar dañado y quizás le hayan contagiado una ETS sin saberlo a alguien a quien quieren.

Entonces, ¿cómo puedes saber si tu compañero o compañera está enfermo? No puedes saberlo. Es imposible evitar por completo elegir compañeros que estén infectados cuando es posible que ni ellos mismos lo sepan. La única manera que lo garantiza es tener sexo con un compañero durante toda tu vida y elegir a un compañero o una compañera que sólo haya tenido sexo contigo. Lo único que garantiza que no te contagies de una enfermedad oculta que no muestra síntomas es apegarte al plan de Dios.

No puedes contar con tu cuerpo para que te avise antes de que el sexo te ponga en peligro. Pero Dios dice claramente: "Te amo mucho, y quiero protegerte y proveerte la experiencia más gratificante en el sexo. Por eso, espera."

14 ¿Podemos vacunarnos o tomar un antibiótico si contraemos una ETS?

Cuando se habla de los tratamientos de las ETS, no hay arreglos rápidos. Para diecinueve de las veinticinco ETS no hay cura alguna.[105] Eso significa que, para más del 75 por ciento de las infecciones, no puedes hacer nada una vez que las contraes.

Los CCPEEU informan que aproximadamente 65 millones de estadounidenses tienen una ETS incurable.[106] No puedes ignorar el plan de Dios para el sexo y rápidamente olvidar las consecuencias. El simple hecho de reconocer que las ETS son potencialmente peligrosas no es suficiente. Un estudio demostró que las muchachas ni siquiera fueron influenciadas cuando supieron acerca de las ETS.[107] Tenían la información pero no comprendían los peligros. Permíteme explicártelo más claramente.

El VPH es la ETS más común. Cada año, seis millones de estadounidenses la contraen. Muchas veces, el resultado final de la infección es el cáncer invasivo.[108] Sin embargo, aún no tiene cura. Cerca del 16 por ciento de los estadounidenses de entre catorce y cuarenta y nueve años sufren de herpes genital (HSV); el resultado final puede ser una infección seria.[109] Sin embargo, aún no tiene cura. En los Estados Unidos, casi 100.000 estadounidenses contraen Hepatitis B cada año. Se estima que 5.000 mueren cada año por esta enfermedad y sus complicaciones.[110] Sin embargo, aún no tiene cura.

Es verdad que se han desarrollado algunos tratamientos que previenen las ETS, como la vacuna para el VPH. Pero, como ya hemos dicho antes en la respuesta número 8, la efectividad de esta intervención es limitada. La vacuna contra el VPH sólo tiene efecto en las mujeres, y tiene un 30 por ciento de inefectividad (El Instituto Nacional del Cáncer reconoce que cerca de un 30 por ciento de los cánceres de cerviz no serán prevenidos con esta vacuna).[111]

Otras ETS tienen tratamientos, pero muchas veces son largos y dolorosos. Incluso, entre las ETS que tienen tratamientos, la resistencia a las drogas es un problema creciente. En el 2006, el 13.6 por ciento de los casos de gonorrea fueron resistentes

Cuando se habla de los tratamientos de las ETS, no hay arreglos rápidos.

al tratamiento con antibióticos, en comparación con el 9.4 por ciento en el 2005, el 6.8 por ciento en el 2004 y el 4.1 en el 2003.[112]

El punto principal es que no puedes mantener relaciones sexuales ilícitas y esperar que la medicina moderna cancele todas las consecuencias. Simplemente no es así. Los resultados finales son serios, incluso mortales. La única forma de protegerte de los daños que pueden causar las ETS es hacer lo que se necesite para evitar contagiarte en primer lugar.

15 ¿Es difícil contraer una ETS?

Estudio tras estudio han revelado que los jóvenes están alarmantemente desinteresados en cuanto a los riesgos del sexo afuera del matrimonio, en especial del riesgo a la exposición a las enfermedades que se transmiten sexualmente.

Una rápida mirada a la investigación aclara de manera cruda que las ETS son la regla, no la excepción, entre los jóvenes activos sexualmente. Observemos los hechos:

1. Los CCPEEU estiman que cada año se contraen 19 millones de ETS nuevas, de las cuales casi la mitad de los casos se dan en personas de entre quince y veinticuatro años de edad.[113]

2. Hoy en día, más de 70 millones de estadounidenses viven con algún tipo de ETS.[114]
3. Aproximadamente, el 25 por ciento de los adolescentes activos sexualmente se contagian alguna ETS cada año.[115]
4. Un estudio informó que para cuando lleguen a los 25 años de edad, la mitad de la juventud estadounidense habrá contraído una ETS.[116]

Recuerda que estas cifras están basadas en los casos de ETS que se informan. Sabemos que muchos, muchos casos de ETS nunca se reportan debido a la vergüenza o a la falta de síntomas. Mientras estos números indican que tus probabilidades de entrar en contacto con un compañero o una compañera sexual son altas, es muy probable que tu riesgo actual sea mucho más alto.

Si decides tener sexo afuera del matrimonio siendo un o una adolescente, cada año corres un riesgo de infección de al menos un 25 por ciento.[117] Si hubiese una posibilidad en cuatro de ser golpeado por un rayo, nadie saldría afuera en una tormenta eléctrica. Pero los jóvenes están dispuestos a arriesgar sus vidas, incluso sabiendo que hay muchas probabilidades de contagiarse al menos una ETS con resultados finales que pueden ser devastadores.

> **Si honras el plan de Dios, puedes tener sexo sin temer contraer una enfermedad. Esa es la libertad sexual.**

Un estudio reciente de la Fundación de la Familia Kaiser demuestra que los jóvenes han sido llevados a pensar que pueden experimentar sexualmente con pocos riesgos de exposición a las ETS.[118] Este estudio brilla en la luz de algunos mitos serios. Combatamos cada mito con la cruda verdad.

MITO NÚMERO 1: LAS ETS SÓLO SE PUEDEN PROPAGAR CUANDO SE PRESENTAN SÍNTOMAS

El estudio de Kaiser reveló que el 25 por ciento de los adolescentes dijo que si estuvieran saliendo con alguien que tiene una ETS, lo sabrían, y el 20 por ciento pensó que las ETS sólo se podían propagar cuando se presentan síntomas.[119]

VERDAD: LA MAYORÍA DE LAS PERSONAS QUE TIENEN UNA ETS NO LO SABEN.

El 87 por ciento de los casos de ETS no demuestran síntomas.[120] Algunos virus que se transmiten sexualmente, incluyendo el HIV, pueden incubarse en el cuerpo humano tanto como veinticinco años sin ningún síntoma.[121]

Una estrategia de las organizaciones del gobierno, como también de los Centros de Salud de *Planned Parenthood*, es entrenar a los jóvenes a que le pregunten a sus compañeros o compañeras si están enfermos. Pero la realidad es que la mayoría de nuestros compañeros ni siquiera saben si tienen una infección que se transmita sexualmente en su cuerpo. Incluso, los que lo sepan pueden no ser honestos en cuanto a su estado de salud. Recuerda esto: "Una hormona despierta no tiene consciencia." Si te tomas el tiempo de preguntarle a tu compañero o compañera en el momento fogoso si está enfermo o enferma, la mayoría de la gente no te lo dirá porque ya están excitados. Los que promueven el sexo más seguro te dirán que le "preguntes a alguien" como forma de protegerte. ¡Piensa en eso! ¿Estás dispuesto o dispuesta a poner tu vida en las manos de otra persona que tal vez ni siquiera se dé cuenta que te está poniendo en riesgo?

MITO NÚMERO 2: LAS ETS SON COMUNES ENTRE LA GENTE PROMISCUA

Entre los estudiados, el 12 por ciento dijo que a menos que uno tenga sexo con muchas personas, las ETS no son algo de lo que uno tenga que preocuparse.[122]

LA VERDAD: PUEDES CONTAGIARTE DE UNA ETS TENIENDO SEXO SOLO UNA VEZ

Un estudio descubrió que el 75 por ciento de los adolescentes que tienen relaciones sexuales antes de los dieciocho años tienen dos o más compañeros o compañeras, y el 45 por ciento tiene cuatro o más compañeros o compañeras.[123] El mundo puede considerar que tener sexo con dos a cuatro compañeros o compañeras no sea ser promiscuo, pero las probabilidades de contagiarse con incluso un solo compañero o compañera mientras estás en la secundaria son de un 25 por ciento cada año. Los investigadores estiman que en un lapso de tiempo de dos años luego de la primera vez que tienen sexo, la mitad de estas adolescentes activas sexualmente pueden contagiarse de al menos tres ETS comunes.[124]

MITO NÚMERO 3: LAS ETS SÓLO SE CONTAGIAN POR MEDIO DEL COITO

LA VERDAD: LA MAYORÍA DE LAS ETS PUEDEN PROPAGARSE SIN LLEGAR AL COITO PORQUE SON VIRUS

El diecinueve por ciento de los jóvenes de entre quince y diecisiete años no saben que las ETS se pueden contagiar por medio del sexo oral.[125] Los virus como el VPH crecen en la piel cálida y húmeda. Se pueden transmitir a través del sexo oral, e incluso por medio de las caricias sexuales. Evitar el coito mientras se practican otras actividades sexuales, como el sexo oral, *no* te protegerá.

Ignorar los límites de Dios para el sexo es una perspectiva aterradora.

Si quieres saber si puedes tener sexo afuera del matrimonio y no contagiarte, la respuesta más probable sería que no. Una pregunta mejor sería: "¿Cuál es la mejor forma de protegerme de los peligros del sexo?" La respuesta es apegarte al plan de Dios.

Si consideras la información acerca de las ETS, te darás cuenta que ignorar los límites de Dios para el sexo es una perspectiva aterradora. En contraste, si honras el plan de Dios, puedes tener sexo sin temer contagiarte de una enfermedad. Nunca tendrás que preocuparte por los antibióticos o los condones o los virus peligrosos escondiéndose en tu cuerpo. Esa es la libertad sexual. Cuando eliges no esperar, es muy probable que el costo sea muy, muy alto.

16 ¿Las ETS pueden estar conectadas a una enfermedad seria como el cáncer?

Un Estudio de la Fundación de la Familia Kaiser descubrió que el 60 por ciento de los jóvenes de entre quince y diecisiete años no sabían que las ETS pueden causar algunos tipos de cáncer.[126] La verdad es que las ETS están vinculadas a muchas enfermedades serias, incluyendo al cáncer. Comprender esta simple verdad podría salvarte la vida.

El ejemplo más claro de que las ETS pueden derivar en una enfermedad seria es el VPH. Los investigadores han documentado un vínculo claro entre el VPH y el cáncer. De hecho, el VPH es la causa principal del cáncer de cerviz.[127]

El Centro Médico de la UCLA observó que el 99 por ciento de los pacientes de cáncer de cerviz han contraído VPH.[128] Alrededor del mundo, aproximadamente el 70 por ciento de los cánceres se deben a las VPH.[129] Un estudio de Johns Hopkins reveló que el 80 por ciento de las mujeres activas sexualmente pueden esperar contraer una infección de VPH en algún momento de sus vidas.[130] Como resultado, se estima que por año, a 500.000 se les diagnostica cáncer de cerviz alrededor del mundo. Aproximadamente 300.000 de esas mujeres mueren de esta enfermedad.[131]

El cáncer de cerviz no es el único riesgo. Los CCPEEU informan que las VPH fueron la causa de 25.000 casos de cáncer en los Estados Unidos entre 1998 y 2003, incluyendo el cáncer de cerviz, cáncer anal y cáncer de boca.[132]

No eres invencible. Si tienes relaciones sexuales de manera promiscua, es posible que contraigas ETS.

De acuerdo a un artículo publicado en el Periódico de Enfermedades Infecciosas, las infecciones anales de VPH son tan comunes como las infecciones de cerviz. Como resultado, anualmente más de 4.600 personas son diagnosticadas con cáncer anal en los Estados Unidos. Aproximadamente 700 pacientes mueren a causa de esta enfermedad.[133]

Un individuo con una infección de VPH es treinta y dos veces más propenso a desarrollar cáncer de garganta.[134]

Las ETS están vinculadas a muchas enfermedades serias, incluyendo el cáncer.

Si te alejas de los límites de Dios para el sexo, tus probabilidades de contraer una ETS, incluyendo VPH, son muy altas. El resultado final de infección puede ser una seria enfermedad, incluyendo el cáncer. Cada año, miles de pacientes mueren como resultado de esta cruda realidad.

Les recuerdo que no son invencibles. Si tienen relaciones sexuales de manera promiscua, es posible que contraigan ETS, con el resultado final siendo un cáncer que puede derivar en su muerte.

17 ¿No es seguro si tomo la pastilla?

El control prenatal oral, también conocido como "la pastilla", apareció en el marco cultural en la década de los años 60. Se convirtió en un símbolo de la revolución sexual que promulgaba el "amor libre" y le ponía un fin a las restricciones del comportamiento sexual. Más de cincuenta años después, hemos aprendido que el sexo no es algo libre. La pastilla diminuta que comenzó todo ha hecho muy poco para proteger a millones de mujeres de las consecuencias de sus elecciones sexuales.

La pastilla no te protege de las enfermedades transmitidas sexualmente. La pastilla no hace nada para cubrir las áreas de tu cuerpo en donde se transmiten las ETS. Hay veinticinco ETS comunes,[135] que afectan a 19 millones de estadounidenses cada año,[136] y la pastilla no hace absolutamente nada para protegerte de las infecciones. Eso no me parece que sea sexo seguro.

¿Qué hay del embarazo? Incluso las compañías farmacéuticas que producen la pastilla anticonceptiva admiten que no es 100 por ciento efectiva. Es posible quedar embarazada incluso cuando se toma la pastilla de la forma indicada el 100 por ciento de las veces. De hecho, la pastilla debe tomarse en el mismo horario cada día para que sea efectiva. Si dejas pasar un día sin tomar la pastilla o la tomas horas más tarde que siempre, tus niveles hormonales cambiaran y es posible que ovules o liberes un óvulo que puede ser fertilizado. Las mujeres jóvenes tienen más probabilidades de quedar embarazadas, porque sus órganos reproductores son muy saludables. Un estudio ha revelado un 13 por ciento de margen de error de la pastilla en las mujeres adolescentes.[137] En términos humanos, eso significa que al menos trece de cien mujeres adolescentes que tienen sexo tomando la pastilla quedarán inesperadamente embarazadas. A pesar de que la pastilla brinda algo de protección contra los embarazos no planeados, no es una garantía.

> **La pastilla no te protege de las enfermedades transmitidas sexualmente.**

La pura verdad es que ninguna pastilla puede protegerte de:

- Una ETS simple,
- Un corazón roto,
- Los cambios mentales en tu cerebro como resultado del sexo promiscuo,
- La culpa y la vergüenza que por lo general acompañan al sexo prematrimonial.

Kelly sabe esto demasiado bien. Ella quería esperar hasta el matrimonio para tener sexo, pero cuando ella y su novio Tyler comenzaron a ponerse serios, programó una cita con su doctora para hablar acerca de sus opciones. Su doctora le sugirió que tomara la pastilla y Kelly aceptó, "por si acaso". Kelly y Tyler comenzaron a tener sexo. Kelly estaba aliviada con el hecho de no tener que preocuparse por quedar embarazada o contraer alguna enfermedad. Ella creía que estaban teniendo "sexo seguro". Tres meses después, a Kelly le salió positivo un examen de ETS. Se sentía enojada, avergonzada y apenada. Unos meses después, Tyler y ella terminaron su noviazgo. Ella pensó que había hecho todo lo posible para protegerse; pero la pastilla no la había protegido de una ETS, y no hizo nada para protegerla del dolor que sentía cuando se rompió el intenso vínculo sexual creado con Tyler. Ya ha pasado más de un año y Kelly se sigue preguntando cuándo sanará su corazón.

Los condones no pueden protegerte de las muchas consecuencias del sexo ilícito. La pastilla tampoco. El único sexo seguro es entre dos personas comprometidas al sexo monógamo por toda la vida.

18 ¿Cómo puedo evitar contraer una ETS?

Sólo hay una manera de garantizar protección contra las ETS – evitar tener sexo hasta el casamiento. Las fuentes seculares y cristianas concuerdan en este punto: La abstinencia antes del matrimonio y la fidelidad durante el matrimonio son la única manera de garantizarte que no contraerás una ETS. El tema es que si incluso uno de los involucrados, sea el hombre o la mujer, no es monógamo o ha tenido otros compañeros sexuales en el pasado, ya no te encontrarás protegido o protegida.

Los CCPEEU informan que la monogamia es el método preventivo más efectivo contra las ETS.[138] Un informe realizado por la Planificación Familiar expresó: "La abstinencia y la monogamia durante toda la vida seguirán siendo los métodos más efectivos para evitar por completo las infecciones de VPH."[139] Las guías federales para la educación de la abstinencia ordenan que se les enseñe a los estudiantes que la abstinencia es la única forma que garantiza la protección contra los embarazos no programados y las ETS.[140]

Veamos lo que nos enseña Dios en Su Palabra.

El único sexo seguro es entre dos personas comprometidas al sexo monógamo por toda la vida.

¿Recuerdas Proverbios 5:18-19? "¡Bendita sea tu fuente! ¡Goza con la esposa de tu juventud! Es una gacela amorosa, es una cervatilla encantadora. ¡Que sus pechos te satisfagan siempre! ¡Que su amor te cautive todo el tiempo!"

El hombre al que se dirige este versículo tiene la libertad de disfrutar los beneficios del sexo. No tiene ninguna restricción. Está satisfecho y "cautivado", no ansioso o preocupado por los riesgos. ¿Quién es su compañera? Su esposa, no alguna mujer a la que conoció en una fiesta o a una novia cuyas anteriores experiencias sexuales son una incógnita para él. Está 100 por ciento protegido de los riesgos de las enfermedades o de los embarazos fuera del matrimonio porque su única compañera sexual es su esposa.

1 Corintios 6:13 nos advierte que "el cuerpo no es para la inmoralidad sexual". Cuando uno se aparta de los límites protectores que Dios ha establecido en el matrimonio y tiene sexo con más de una compañera o compañero, el cuerpo está funcionando afuera de su diseño original y los riesgos son extremadamente altos.

IMAGINA ESTOS DOS ESCENARIOS

1. Ashley y Aaron han estado saliendo por tres meses. La noche de la fiesta de graduación, Aaron convenció a Ashley para que tuvieran sexo en la parte trasera de la limusina que había alquilado. Luego, Ashley se sintió tan culpable que terminó con Aaron. Varios meses después Ashley comenzó a tener dolores en su abdomen y sus períodos se volvieron irregulares. Llamó a Aaron para ver si se había hecho estudios de ETS. Él le confesó que había tenido otras cuatro compañeras sexuales antes de estar con ella y se negó a hacerse un estudio. Ashley tiene demasiada vergüenza como para hablar con su mamá acerca de sus síntomas y teme que alguien lo descubra

si va a la enfermería de la escuela para hacerse un estudio de ETS. Ashley tuvo sexo una sola vez, y ahora está constantemente preocupada de haberse expuesto a una enfermedad que no tiene cura.

2. Jacqueline y Mark se enamoraron en el último año de la secundaria. A pesar de que ambos querían estar lo más cerca posible el uno del otro, se comprometieron a esperar para tener sexo hasta que estuvieran casados. Ninguno de ellos había tenido nunca ni un compañero o compañera sexual. En su noche de bodas tuvieron sexo sin temerle a una infección. Ahora son libres de tener sexo entre ellos todas las veces que quieran sin temerle a una ETS.

La monogamia es el método preventivo más efectivo contra las ETS.

Dios no te pide que te abstengas del sexo hasta el matrimonio para restringirte o para quitarle diversión a la vida. Dentro del contexto del matrimonio, eres libre de disfrutar del sexo durante toda tu vida sin temerle a una enfermedad. La única forma de protegerte contra las ETS es comprender y vivir siguiendo el plan de Dios para tu sexualidad.

19 ¿Hay alguna relación entre el sexo prematrimonial y la salud mental?

Cuando se trata del sexo, Dios nos pide que esperemos. Le motiva un deseo de protegernos y proveernos. Sí, esperar nos protege de las consecuencias físicas incluyendo a las ETS y los embarazos no deseados. Esperar también protege a nuestros cerebros de los cambios neurológicos que se dan cuando tenemos sexo con más de un compañero o compañera.

Pero, ¿esperar también preserva nuestra salud mental? ¡Puedes estar seguro!

El hecho que las mujeres adolescentes sexualmente activas tengan un 300 por ciento más de probabilidades que sus pares vírgenes de cometer intentos de suicidio es alarmante.[141] Los muchachos adolescentes activos sexualmente son más de dos veces propensos, que las mujeres de su edad activas sexualmente, a intentar suicidarse. De hecho, los varones adolescentes activos sexualmente son 700 veces más propensos a intentar suicidarse que sus pares que esperan.[142] Más del 25 por ciento de las adolescentes de entre catorce y diecisiete años dijeron que se sintieron bastante o todo el tiempo deprimidas, en comparación con sólo un 7.7 por ciento de vírgenes. Más del 14 por ciento de las adolescentes activas sexualmente han intentado suicidarse el año pasado, en comparación con un 5.1 por ciento de sus pares no activas.[143]

Todos hablan acerca de los adolescentes y las ETS, pero nadie menciona los efectos devastadores que tiene el sexo prematrimonial en la salud mental. Los adolescentes activos sexualmente son tres veces más propensos que los inactivos sexualmente a volverse deprimidos y a intentar suicidarse.[144]

La doctora Freda McKissic Bush, del Instituto Médico para la Salud sexual ha notado: "Uno de los factores de riesgo más grandes para la depresión, la pérdida de la autoestima y muchas consecuencias emocionales tiene que ver con la cantidad de personas con las que uno tiene relaciones [sexuales]." Prosiguió diciendo: "Con cuantas más personas tengas relaciones [sexuales], más difícil se te hará formar relaciones saludables en el futuro cuando estés listo para estar con una sola persona."[145]

La cultura contemporánea enseña que el sexo lleva a sentimientos de felicidad, totalidad e intimidad en las relaciones románticas, pero la realidad es mucho menos satisfactoria.

Hace poco, la Universidad Americana de la Asociación de la Salud publicó un estudio que demostraba que el 43 por ciento de todos los estudiantes universitarios en Estados Unidos se sienten tan deprimidos que encontraron difícil funcionar, y el 61 por ciento de los estudiantes experimentaron momentos durante el año pasado en los que sintieron que no tenían más esperanzas.[146] Esta conexión entre la actividad sexual temprana y los sentimientos de desesperanza y depresión no son una coincidencia.

El problema se puede volver compuesto cuando un individuo busca tratamiento para los sentimientos de depresión. Un importante efecto colateral de los antidepresivos es la disfunción sexual.[147] Los individuos se deprimen como resultado de la actividad sexual y luego pierden su habilidad para experimentar la función sexual normal como resultado de la medicación que toman para su depresión.

Los adolescentes activos sexualmente son tres veces más propensos que los inactivos sexualmente a volverse deprimidos y a intentar suicidarse.

La depresión no es el único efecto colateral del sexo ilícito. Un estudio de la Universidad de Columbia descubrió que los adolescentes activos sexualmente son más propensos a utilizar drogas.[148] La gente joven activa sexualmente también suele sentir culpa y vergüenza como resultado de sus elecciones. Casi dos tercios de los adolescentes que han tenido sexo dicen que desearían haber esperado.[149] La culpa de entregar algo que nunca más se podrá recuperar puede durar más que cualquier otra consecuencia.

Una de las consecuencias emocionales más devastadoras del sexo afuera del matrimonio es un corazón roto. A causa de la respuesta neuroquímica que tiene tu cerebro para el sexo, es fácil confundir al sexo con amor. Por la liberación de la oxitocina, el sexo crea un vínculo con tu compañero o compañera. El sexo siempre crea un lazo emocional. Cuando se rompe ese vínculo, puede provocar un dolor tremendo.

El sexo dentro del matrimonio significa seguridad. El sexo afuera del matrimonio llega a la inseguridad, la culpa, la vergüenza, la depresión, la desesperanza y la pena.

También hay un precio espiritual que se paga por ignorar los límites de Dios para el sexo. Hebreos 13:4 dice: "Tengan todos en alta estima el matrimonio y la fidelidad conyugal, porque Dios juzgará a los adúlteros y a todos los que cometen inmoralidades sexuales."

En lenguaje simple, el sexo afuera del matrimonio es pecado y el pecado siempre nos separa de Dios. Ignorar los límites de Dios llevará a la inhabilidad de ser fructífero en el reino de Dios, nos impedirá ser bendecidos y nos convertirá en un testigo disminuido.

Dios sabe que las elecciones sexuales que tomamos afectan nuestras emociones y finalmente a todo nuestro bienestar. Por eso es que Proverbios 4:23 nos advierte: "Por sobre todas las cosas cuida tu corazón, porque de él mana la vida."

20 ¿Está bien tener sexo anal?

El sexo anal es sexo. Dios nos pide que nos alejemos de la inmoralidad sexual (1 Corintios 6:18), y eso incluye al sexo anal.

La verdad es que el sexo anal es un comportamiento mucho más peligroso que el sexo vaginal. A pesar de que el embarazo no sea posible como resultado del sexo anal, sí es posible contraer una ETS. De hecho, las infecciones anales de VPH son tan comunes como las infecciones de cerviz. En respuesta a la pregunta 11, ya he comentado que el revestimiento del cuello uterino de las mujeres está cubierto con células columnares. Las células columnares son extremadamente receptivas a las enfermedades. Cuando una mujer llega a los veinticinco años su cerviz comienza a endurecerse y las células columnares en su cerviz son reemplazadas por células epiteliales escamosas, que son mucho menos receptivas a las ETS. Tu boca y tu ano también están cubiertos con células columnares. Sin embargo, nunca cambian a células epiteliales escamosas. Estas áreas de tu cuerpo siempre serán altamente susceptibles a las enfermedades transmitidas sexualmente.[150] La gente joven que experimenta con esta alternativa riesgosa para tener relaciones sexuales encuentra que puede ser terriblemente devastador porque involucra partes de sus cuerpos que son altamente vulnerables a las enfermedades.

Al igual que el VPH puede derivar en un cáncer cervical cuando se lo transmite vaginalmente, también puede llevar al cáncer de ano cuando se lo transmite a través del sexo anal. La cruda realidad es que cada año a más de 4.600 se les diagnostica cáncer de ano en los Estados Unidos, y aproximadamente 700 mueren de esta enfermedad.[151] Los científicos informan que la incidencia del cáncer de ano se ha incrementado en los últimos años.[152] Para sorpresa de nadie, también ha incrementado la participación en el sexo anal.

A pesar de que en algún momento el sexo anal y el sexo oral eran considerados tabú, los adolescentes están recurriendo a ellos para preservar su virginidad técnica. Pero están pagando un precio muy alto.

La actividad sexual siempre tiene un componente emocional. Cuando tu cuerpo se excita, los químicos incluyendo a la oxitocina, la vasopresina y la dopamina comienzan a fluir en tu cerebro, vinculándote a ti y tu compañero o compañera incluso cuando no se tienen relaciones sexuales vaginalmente. Al optar por tener sexo oral o anal, te expones a experimentar los efectos colaterales emocionales y espirituales que hemos discutido en la pregunta 19.

Dios nos pide que reservemos todas las partes de nuestra experiencia sexual.

El punto final es que el sexo anal es sexo. Tiene las mismas consecuencias que el sexo. Crea los mismos vínculos que el sexo. Mientras está cada vez más de moda, está claro que no es la alternativa "segura" que muchos creen que es.

Además de los riesgos de salud y de las trampas del sexo anal, es fundamental notar que no entra en los estándares establecidos por Dios.

En el Cantar de cantares se nos advierte tres veces que no debemos alentar o promover el amor prematuro (2:7; 3:5; 8:4). El sexo anal causa la misma excitación que el coito vaginal. Esos sentimientos no se deben experimentar afuera del matrimonio. En Mateo 5:28 Jesús iguala a los pensamientos de lujuria con cometer el pecado del adulterio. No podrás tener sexo anal sin tener pensamientos lujuriosos. La reacción física y mental es la misma que si estuvieras teniendo relaciones vaginales.

El estándar de Dios no es para que te involucres en relaciones sexuales sin comprometer tu virginidad técnicamente. Dios nos pide que reservemos todas las partes de nuestra experiencia sexual para protegernos de una trampa emocional y física que puede ser devastadora.

21 ¿El sexo oral es sexo?

Una serie de encuestas nacionales en el 2003 llevada a cabo por la Fundación de la Familia Kaiser y la revista *Seventeen* ha revelado que la mitad de los adolescentes de entre quince y diecisiete años no creen que el sexo oral sea sexo.[153] Casi el 60 por ciento de los estudiantes de secundaria no definen al sexo oral como sexo.[154] Tal vez esa sea la razón por la que más de la mitad de los adolescentes estadounidenses de entre quince y diecinueve años han tenido sexo oral y por qué ese número crece al 70 por ciento cuando sólo se encuesta a adolescentes de entre dieciocho y diecinueve años.[155]

El sexo oral se ha convertido en una norma social importante, ya que entre el 50 y el 70 por ciento de los jóvenes lo hacen.[156] Parte de su atractivo parece ser el sentimiento común de que el sexo oral no es realmente sexo. De hecho, algunos estudiantes incluso dicen que tienen sexo oral como un método de mantener su pureza. Ven al sexo oral como una manera de preservar su virginidad mientras obtienen intimidad y placer sexual. Pero, ¿alguien que tiene sexo oral realmente es sexualmente puro? En otras palabras, ¿el sexo oral es sexo? Una simple lección de vocabulario nos da la respuesta.

El diccionario define a la palabra "sexo" como un "fenómeno o comportamiento motivado sexualmente".[157] La tendencia masiva de los jóvenes teniendo sexo oral ciertamente califica como un fenómeno. ¿Cómo se determina si un comportamiento es motivado sexualmente? Pregúntate a ti mismo: ¿El resultado lleva a una excitación, estimulación y gratificación de los órganos sexuales? La respuesta es definitivamente que sí.

Tu cuerpo piensa que es sexo. Tu cerebro piensa que es sexo. Tu corazón piensa que es sexo. El sexo oral es sexo.

El resultado final es que tu cuerpo reacciona de la misma manera durante el sexo oral que durante el coito. Tus hormonas se excitan. Tus órganos sexuales responden. Tu cerebro se llena de neuroquímicos que trabajan como un pegamento humano para vincularte con tu compañero o compañera. Recibes una gran cantidad de dopamina que te hace desear más de ese comportamiento. Tu cuerpo piensa que es sexo. Tu cerebro piensa que es sexo. Tu corazón piensa que es sexo. El sexo oral es sexo.

Está claro que la penetración vaginal no es la única manera de tener sexo. De hecho, hay cuatro situaciones que calificarían como sexo. Son:

Oral-genital (sexo oral)
Manual-genital (caricias sexuales)
Genital-genital
Penetración

Las cuatro situaciones causan una reacción física y química en tu cuerpo. Las cuatro situaciones crean un vínculo entre ti y tu compañero o compañera. Las cuatro situaciones te ponen en riesgo de una infección transmitida sexualmente. Si te involucras en alguna de estas actividades, serás activo o activa sexualmente.

22 ¿Puedo tener sexo oral y mantener mi virginidad?

Un cuarto de los adolescentes activos sexualmente dicen que tienen sexo oral como una estrategia para evitar el coito.[158] Los estudiantes informan que el sexo oral les da la intimidad del placer sexual sin costarles su virginidad. Pero, ¿una persona que da o recibe sexo oral sigue siendo virgen?

Recuerda la respuesta a la pregunta número 21 que el sexo es un comportamiento que es motivado sexualmente y produce una respuesta sexual. El sexo oral afecta a tu cuerpo, a tu cerebro y a tus relaciones de la misma manera que el coito. El sexo oral es sexo.

¿Si tienes sexo oral sigues siendo virgen? Físicamente, sí, pero eso es sólo un tecnicismo. Recuerda que Dios no te pide que sólo mantengas tu virginidad técnica. Te pide que "mantengas pura tu cama matrimonial".

Hebreos 13:4 dice, "Tengan todos en alta estima el matrimonio y la fidelidad conyugal". La respuesta a la pregunta número 7 determinó que la pureza se define mejor como "evitar cualquier elemento de afuera". Cuando te encuentres en una situación altamente sentimental o sensorial, incluso durante el sexo oral, tu cerebro libera norepinefrina y sella el recuerdo de ese hecho en tu cerebro.[159] Llevarás los recuerdos de los encuentros de sexo oral a tu cama matrimonial, evitando que sea pura y honrada como Dios manda.

El sexo oral afecta a tu cuerpo, a tu cerebro y a tus relaciones de la misma manera que el coito.

En una entrevista para este proyecto, un trabajador de jóvenes ha dicho, "Mi esposa llegó a casa de un grupo de mujeres en donde sólo hablan de sus vidas cada semana. Surgió el tópico de la sexualidad y me dijo, 'No creerás que estas mujeres, que ahora están felizmente casadas, han tenido sexo oral antes de su matrimonio y ahora algunas de ellas están en consejería por eso; a causa de sus recuerdos, las imágenes grabadas en sus mentes, ahora las están afectando profundamente'".

Elegir tener sexo oral como una alternativa al coito no evitará que los recuerdos de esos encuentros sexuales se graben en tu cerebro. Como aprenderemos en la respuesta a la próxima pregunta, tampoco te protegerá de las enfermedades devastadoras.

Dios no quiere que seas activo o activa sexualmente mientras preservas tu virginidad técnicamente. Nos pide que mantengamos nuestras camas matrimoniales alejadas de los recuerdos y las consecuencias que acarrean todas las experiencias sexuales.

Dios nos pide que mantengamos a nuestras camas matrimoniales alejadas de los recuerdos y las consecuencias que acarrean todas las experiencias sexuales.

Efesios 5:3 dice, "Entre ustedes ni siquiera debe mencionarse la inmoralidad sexual, ni ninguna clase de impureza o de avaricia, porque eso no es propio del pueblo santo de Dios". Dios no nos da permiso para tener *algunas* actividades sexuales mientras evitamos otras. Nos pide que nos preservemos de todo hasta nuestra noche de bodas y después también. Su motivación es protegernos y brindarnos la oportunidad del sexo y la intimidad máxima.

23 ¿El sexo oral no es más seguro?

Millones de adolescentes están eligiendo tener sexo oral para disfrutar de la emoción del sexo mientras creen que están evitando los peligros de la promiscuidad. Este es un error de lógica doloroso y probablemente fatal.

Estudios recientes revelan que los jóvenes no consideran que el sexo oral sea sexo "real", ni tampoco temen a las mismas consecuencias negativas de su promiscuidad.[160] Es verdad que no puedes quedar embarazada dando o recibiendo sexo oral, pero eso no convierte al sexo oral en una alternativa "más segura" que el coito.

En estudios clínicos el sexo oral ha sido asociado con la gonorrea, sífilis, herpes y VPH.[161] De hecho, si tienes sexo oral con cinco personas, tus probabilidades de contraer una ETS se incrementan un 250 por ciento.[162] Específicamente, el sexo oral te pone en riesgo de contraer la enfermedad transmitida sexualmente número uno, el VPH. El *New England Journal of Medicine* [Diario de Medicina de Nueva Inglaterra] informa que el riesgo de contraer VPH es nueve veces más alto para las personas que han tenido sexo oral con más de seis compañeros o compañeras.[163] ¿Por qué importa esto? Porque una infección de VPH oral te hace un 3.200 por ciento más propenso a tener un cáncer de boca.[164] Los investigadores han descubierto una correlación directa entre la popularidad y la aceptación del sexo oral y los incidentes de cáncer de boca alrededor del mundo.[165]

El VPH ha sido descubierto en menos del 25 por ciento de los cánceres de boca en la década de 1970. En 1990, el 57 por ciento de los pacientes con cáncer de boca tenían VPH. En el 2000, ese número creció hasta el 68 por ciento. Para el 2007, el VPH estaba vinculado al 73 por ciento de los cánceres de boca en los Estados Unidos.[166]

La cruda realidad es que el sexo oral te pone en riesgo de contraer una infección de enfermedades muy serias. Tener sexo oral también tiene serias consecuencias psicológicas y espirituales. El sexo oral te vinculará con tu compañero o compañera. Cuando esa relación se termina, te quedará el dolor que resulta del estar conectado a alguien con quien no tienes una relación. Muchas jóvenes informan que el sexo oral las hace sentir explotadas y que son motivadas a tener sexo oral por un deseo de ser populares y "hacer felices a los varones".

Cuando la popularidad o la felicidad no acompañan, se quedan con sentimientos de culpa, vergüenza, pena y enojo.

No puedes quedar embarazada dando o recibiendo sexo oral, pero eso no convierte al sexo oral en una alternativa "más segura" que el coito.

■ ■ ■ ■ ■ ■ ■ ■ ■ ■

Es verdad que no puedes quedar embarazada teniendo sexo oral, pero eso no lo convierte en algo más seguro. De todas maneras puedes contraer una ETS. Puedes contraer cáncer. Puedes lastimarte.

La realidad debilitadora y potencialmente fatal de las consecuencias del sexo oral sobrepasa a cualquier placer momentáneo que puedas recibir. Quiero que comprendas el costo y tomes la decisión de no exponerte a salir lastimado o lastimada.

24 ¿El sexo no es un acto privado entre dos personas?

Lo que sucede detrás de las puertas cerradas no se queda detrás de las puertas cerradas. El sexo no es un acto privado. Hay un costo para el individuo que participa en el sexo. Hay un costo para las personas conectadas con esos individuos, y finalmente, hay un costo para toda la comunidad.

De acuerdo a muchos, el sexo es un acto privado entre dos personas. Se nos dice que todo lo que suceda detrás de puertas cerradas no es de la incumbencia de nadie, que el gobierno no tiene derecho a establecer leyes que afecten tu conducta sexual privada, que las escuelas no tendrían que enseñar principios para guiar el comportamiento sexual y que la iglesia debería mantenerse al margen en cuanto al tema del sexo. Después de todo, el que debe sufrir las consecuencias es el individuo, ¿verdad? ¡Incorrecto!

Si el sexo fuera un acto privado, ¿por qué el gobierno pagaría grandes sumas de dinero cada año para abortos?

Si el sexo fuera un acto privado, ¿por qué el gobierno de los Estados Unidos invirtió millones y millones de dólares para la investigación del SIDA?

Si las consecuencias del sexo se limitan a los individuos, ¿por qué los CCPEEU pasan tanto tiempo, a expensas de los impuestos, ocupándose del tratamiento y la prevención de las ETS?

Porque el sexo no es un acto privado entre dos individuos.

La gran aceptación del sexo afuera de los parámetros de Dios tiene un gran costo para la sociedad.

¿Sabías que cada adolescente embarazada en los Estados Unidos les cuesta un mínimo de 100.000 dólares a los que pagan impuestos, y que por año hay tanto como un millón de adolescentes que quedan embarazadas?[167]

Cuando las adolescentes que no están casadas dan a luz a sus bebés en los edificios de salud pública, el costo lo pagan los que pagan los impuestos. Cuando las madres adolescentes recurren a los asistentes sociales para pagar por las necesidades de sus hijos dependientes, el costo lo pagan los que pagan los impuestos. Cuando los niños abandonados, descuidados o abusados de las madres adolescentes deben ser cuidados por una agencia del gobierno, el costo lo pagan los que pagan los impuestos.

> **Solo hay una forma de mantener al sexo realmente privado: la monogamia mutua luego del casamiento.**

Los estadounidenses están pagando literalmente un precio muy alto por el "acto privado" del sexo. Las consecuencias no se quedan detrás de las puertas cerradas y no están limitadas a los individuos que eligen ser activos sexualmente. Nuestra sociedad paga un precio. Nuestras instituciones pagan un alto precio por el medio millón de niños que nacen de madres adolescentes cada año.[168]

Uno puede decir: "No me interesa la política o la política pública del sexo." Entonces quizás te interese la cantidad de personas que está llevando a la cama tu compañero o compañera.

La realidad es que cada vez que tienes sexo, no estás teniendo sexo sólo con una persona. Estás teniendo sexo con cada persona con la que ha tenido sexo tu compañero o compañera, y con cada compañero o compañera con la que tuvo sexo esa persona en toda su vida. Los recuerdos de esos encuentros estarán, como ya he dicho antes, grabados en tu mente. Las enfermedades que puedes tener sin siquiera saberlo se pasarán de un compañero o compañera a la siguiente y a la siguiente. En tu noche de bodas, todas las personas con las que has tenido sexo y con las que ellos o ellas tuvieron sexo, y sus compañeros o compañeras, y sus compañeros y compañeras entrarán en esa cama matrimonial.

La gran aceptación del sexo afuera de los parámetros de Dios tiene un gran costo para la sociedad.

Una vez leí un panfleto que tenía escrita una pregunta: "¿A cuántas de las 64 personas con las que has tenido sexo anoche conocías bien?" El punto es que un solo acto sexual se puede rastrear a veintenas de personas. El sexo ya no es un acto sexual privado cuando uno o ambos compañeros contraen una ETS (que se pasa a los demás en "actos privados" subsecuentes).

El doctor Edward Wiesmeier, director del Centro de Estudiantes de Salud de UCLA, advierte a los estudiantes que "un encuentro sólo puede infectar a una persona con hasta cinco enfermedades diferentes".[169] El psiquiatra Lawrence Laycob dice: "Cuando tienes sexo casual, es muy probable que la persona con la que eres casual haya sido casual con alguien más. De modo que hay una tercera, cuarta y vigésimo segunda fiesta allí de la que tú no sabes nada."[170] El ex Cirujano General Everett Koop me llamó y me alentó a que fuera más enérgico cuando hablara con los adolescentes acerca de las realidades de la promiscuidad sexual. Dijo: "Necesitas advertirles que es algo realmente tenebroso. Hoy en día, si tienes relaciones sexuales con una mujer, no estás teniendo sexo sólo con ella, sino con cada personas con la que esa mujer pueda haber tenido sexo durante los últimos diez años, y con toda la gente con la que ellos han tenido sexo."[171]

El sexo no es un acto privado. No se queda detrás de las puertas cerradas.

Sólo hay una forma de mantener al sexo realmente privado: la monogamia mutua luego del casamiento. El plan de Dios para el sexo es que un hombre monógamo entre en una relación monógama con una mujer monógama al casarse. Bajo estas circunstancias, ningún otro compañero o compañera entra en la relación del matrimonio, no hay enfermedades escondidas en el cuerpo que se pasen de un compañero a otro y no se corre el riesgo de un embarazo fuera del matrimonio. Es la única manera segura de eliminar los costos altos del sexo casual. Sólo en el contexto de un compromiso de matrimonio es que el sexo entre dos individuos puede llegar a ser algo considerado un "acto privado".

25 ¿No es mejor si primero vivimos juntos?

En la década de los años 50, nueve de cada diez mujeres se casaban sin antes haber convivido con sus parejas. Para la década de los años 90, un tercio de las parejas convivían antes de casarse. Hoy en día, más de la mitad de todos los matrimonios comienzan con la convivencia de parejas.[172] Desde la década de 1980, la cantidad de parejas que conviven se ha incrementado un 1.000 por ciento.[173] Pero sólo porque sea socialmente aceptado no quiere decir que la convivencia sea lo mejor, como lo muestra claramente la información.

Rara vez la convivencia lleva al "felices para siempre". El cuarenta por ciento de las personas que conviven terminan sus relaciones antes de casarse.[174] De los que llegan al altar, las parejas que han convivido tienen casi el doble de probabilidades de divorciarse en comparación con las parejas que no viven juntas antes de casarse.[175]

Desde la perspectiva humana, vivir juntos puede parecer una buena idea. Permite que las parejas pasen mucho tiempo juntas. Es más barato económicamente que mantener dos hogares. La mayoría de las parejas lo ven como una "prueba" para determinar si su relación puede soportar los desafíos diarios de la vida sin el compromiso total que acarrea el matrimonio. Piensan: "Si no funciona, simplemente podemos separarnos sin la carga y los costos de un divorcio." Pero la investigación refleja una realidad diferente.

La cultura puede enseñar que el matrimonio es restrictivo y que las parejas casadas no están satisfechas con las limitaciones de la "bola y la cadena". Pero la investigación demuestra que las parejas casadas son mucho mejores que la de las parejas que sólo conviven. He aquí algunos hechos.

1. Las parejas casadas tienen más sexo.

- El 48 por ciento de los esposos dicen que el sexo es extremadamente satisfactorio emocionalmente y el 50 por ciento dice que el sexo es físicamente gratificante.[176]
- El 37 por ciento de los hombres que conviven con su pareja dice que el sexo es extremadamente satisfactorio emocionalmente y el 39 por ciento dice que el sexo es físicamente gratificante.[177]

2. Los hombres casados viven más.[178]

- Los hombres que no se casan tienen índices más altos de mortalidad que las personas casadas.
- No casarse disminuye diez años la expectativa de vida de los hombres.

3. Las personas casadas son más ricas.[179]

- En el 2009, el ingreso monetario promedio para las parejas casadas era de 58.410 dólares.
- Para un hombre soltero, el número baja a 31.399 dólares.
- Para una mujer soltera, el número baja a 14.843 dólares.

4. El matrimonio es mejor para los hijos.[180]

- El 25 por ciento de las mujeres quedan embarazadas durante la convivencia, pero a los hijos de las parejas casadas por lo general les va mejor.

- Los hijos de padres casados por lo general son más exitosos y tienen menos probabilidades de abandonar la escuela (13 por ciento contra 29 por ciento).
- Los hijos de padres casados tienen más probabilidades de terminar la universidad.
- Los hijos de padres casados tienen menos probabilidades de ser holgazanes al cumplir los 20 años de edad.

Mientras que los beneficios del matrimonio son claros, las parejas que conviven informan problemas en diferentes niveles. Las parejas que conviven suelen tener problemas de comunicación. Las parejas que conviven también luchan con expectativas conflictivas. Los hombres suelen ver al hecho de vivir juntos como un paso para ver si se quieren comprometer,

En tu noche de bodas, sé un novato en el sexo y un profesional en tu relación.

mientras que las mujeres lo ven como un avance hacia compromiso. Las parejas eligen convivir para probar cómo sería el matrimonio, pero las cosas que hacen que un matrimonio funcione están ausentes en esa situación. Específicamente, el compromiso que sólo lo da el matrimonio está ausente. Ese nivel de compromiso es el que permite que las parejas resuelvan juntas las pruebas de la vida.

Cuando las parejas se casan, se están diciendo el uno al otro: "Te amo. Me quedaré junto a ti. Me comprometo contigo."

Las parejas que conviven se están diciendo: "Me gustas. Quiero ver si puedo amarte." O, "Te amo. Veamos si el amor continúa bajo la presión de vivir juntos."

Las parejas que conviven siempre tienen una puerta de escape en sus mentes y casi la mitad de ellas saldrán por esa puerta y abandonarán por completo la relación. Esa falta de compromiso no cultiva buenas relaciones. El nivel de compromiso que ayuda a las parejas a trascender circunstancias difíciles en el matrimonio simplemente no se encuentra allí.

Igual como la convivencia no crea grandes relaciones, tampoco logra buen sexo. Las parejas muchas veces deciden vivir juntas para asegurarse que son compatibles sexualmente. La realidad es que la "plomería" casi siempre funciona. Los cuerpos de los hombres y de las mujeres fueron creados para unirse. Las parejas son compatibles sexualmente. La triste realidad es que examinar las aguas sexuales antes de comprometerse de por vida desvanecerá la pasión que une a las parejas en el primer lugar.

Los hombres suelen ver al hecho de vivir juntos como un paso para ver si se quieren comprometer, mientras que las mujeres lo ven como un avance hacia compromiso.

Un artículo en *Medical Aspects of Human Sexuality* [Aspectos médicos en la sexualidad humana] declara: "Muchos se casan con un 'sueño' esperando que la fuerte atracción sexual y magnética signifique [vivir] felices para siempre... Luego se dan cuenta que el buen sexo no significa una buena relación, sino que una mala relación puede llevar a un mal sexo."[181]

Cuando se trata del sexo, la mecánica casi siempre funciona. El mal sexo no es un resultado de muy poca experiencia o de incompatibilidad sexual. El problema son las relaciones. El problema es la falta de carácter, confianza, respeto y compromiso.

En tu noche de bodas, la experiencia es lo último que necesitas.

El mejor sexo se da cuando se experimenta en una pareja comprometida.

No puedes transferir lo que has hecho con alguien más a tu cama matrimonial. No funciona así. Todo aquel que tiene sexo prematrimonial está robándole a su futura esposa o esposo un área fenomenal de crecimiento juntos como pareja.

No permitas que la cultura te mienta diciéndote que necesitas poner a prueba al matrimonio y a todos sus beneficios. Para poder experimentar el sexo en su máximo esplendor e intimidad, asegúrate de que en tu noche de bodas seas un novato en el sexo y un profesional en tu relación.

26 ¿El sexo prematrimonial, no es una gran preparación para el sexo en el matrimonio?

La sabiduría prevaleciente es que la práctica hace a la perfección cuando se trata del sexo. Como aprendimos en la respuesta a la pregunta anterior, "practicar" las vueltas y contra vueltas de una relación romántica sin el compromiso sólido que brinda el matrimonio no crea una intimidad mayor y tampoco brinda un mejor sexo. De hecho, está probado que el sexo sin estar casados tiene consecuencias negativas a largo plazo.

En un artículo titulado "El sexo sin estar casados muchas veces arruina la salud y el bienestar de las personas", el físico doctor John R. Diggs Jr. destacó las consecuencias específicas, y muchas veces devastadoras, del sexo sin estar casados, incluyendo a la promiscuidad, el aborto, la vida familiar inestable, el desplazamiento de los hombres y la exposición de las mujeres y los niños a riesgos altos.[182]

Claramente, el sexo afuera del matrimonio no es una "práctica" sin trampas potenciales. Quizás sea por eso que las investigaciones prueban que las parejas casadas tienen el mejor sexo. Un artículo titulado "¡Ajá! Llámalo la venganza de las mujeres de la iglesia", publicado en el *USA Today* ha concluido que las mujeres cristianas (y los hombres que duermen con ellas) están entre las personas más satisfechas sexualmente en el planeta.[183]

El escritor William R. Mattox Jr. ha notado que reservar el sexo para el matrimonio paga con dividendos muy considerables. Mattox escribe: "Varios estudios demuestran que las mujeres que se involucran tempranamente en la actividad y las que han tenido varios compañeros sexuales son menos aptas de expresar satisfacción con sus vidas sexuales que las mujeres que llegaron al matrimonio habiendo tenido poco o nada de sexo."[184]

En otras palabras, los hombres y las mujeres que prueban las aguas de la compatibilidad sexual antes del matrimonio tienen menos posibilidades de estar satisfechas sexualmente. Está claro que la práctica no hace a la perfección. Mattox no es el único que advierte acerca del mito de que la compatibilidad sexual debe ser probada antes de que una pareja llegue al altar.

La práctica no hace a la perfección.

En una entrevista para la revista *Seventeen*, se le hizo esta pregunta a la psicóloga Nancy Moore Clatworthy: "¿No es cierto que el vivir juntos antes de casarse ayuda a suavizar algunos de los desacuerdos que todo matrimonio debe afrontar inevitablemente?"

Presta atención a la respuesta de la doctora Clatworthy.

Hemos hecho preguntas acerca de las finanzas, de temas del hogar, de recreación, de demostración de afecto y de amistades. En cada área, las parejas que han vivido juntas antes de casarse estaban más en desacuerdo que las parejas que no lo habían hecho. Pero el descubrimiento me sorprendió aún más cuando tocamos el tema del sexo. Las parejas que han vivido juntas antes de casarse estaban más en desacuerdo acerca de esto.[185]

Uno asumiría que esto se resolvería en un período de vivir juntos. Aparentemente no. Está claro que hay un poderoso vínculo entre un matrimonio monógamo y la satisfacción sexual. ¿Por qué? Porque el disfrute sexual florece en el contexto de una relación comprometida. A las parejas que utilizan el sexo como una herramienta para probar la compatibilidad y determinar un compromiso futuro les falta el nivel de intimidad, compromiso y confianza necesarios para que el sexo sea fenomenal.

El sexo sin estar casados no es "práctica". No es una "buena oportunidad para medir la futura compatibilidad sexual". Está afuera del plan de Dios para la sexualidad, y el resultado es una carga, no una libertad. La investigación demuestra lo que Dios ya ha establecido en Su Palabra. El sexo no mejora simplemente como un resultado de la práctica física; mejora a medida que se profundizan los niveles de intimidad, confianza y compromiso.

El disfrute sexual florece en el contexto de una relación comprometida.

El sexo prematrimonial no lleva a un buen sexo en el matrimonio. Lleva a la decepción, a la monotonía, al riesgo de infecciones y a la debilitación de los lazos relacionales. Esperar para tener sexo hasta el matrimonio, por otro lado, lleva a la libertad sexual genuina sin miedo a las consecuencias.

¿Quieres tener buen sexo? Entonces practica la paciencia y comprométete a esperar para tener sexo hasta que estés casado o casada.

27 El sexo es algo hermoso, ¿cómo puede ser algo malo?

Sí, el sexo es hermoso. Ha sido creado por un Dios amoroso como un regalo para nosotros.

Santiago 1:17 dice: "Toda buena dádiva y todo don perfecto descienden de lo alto, donde está el Padre que creó las lumbreras celestes, y que no cambia como los astros ni se mueve como las sombras."

Dios ha creado al sexo. Su intención fue crear una expresión hermosa de amor e intimidad que uniera a una pareja durante toda la vida. Pero no todo sexo es igual.

Eclesiastés 3:11 afirma: *"Dios hizo todo hermoso en su momento"* (énfasis agregado).

¿Cuándo es que Dios hace las cosas hermosas? En el momento adecuado. El sexo afuera del matrimonio puede ser placentero. También puede incrementar la intimidad entre dos personas como lo hace en las parejas casadas. Pero los placeres del sexo afuera del matrimonio no suelen ser duraderos.

Cuando tienes sexo afuera del matrimonio, las líneas entre el amor y la lujuria son borrosas.

Hebreos 11:25 llama a los placeres del pecado "efímeros". La belleza del sexo prematrimonial es corta y pasajera. En realidad, los jóvenes que tienen sexo afuera del diseño de Dios pueden esperar encontrarse con un rango de consecuencias que incluyen a la depresión, el rechazo, el enojo, la inseguridad, el suicidio, las ETS y el embarazo.

Muchas de las trampas emocionales del sexo ilícito se dan por una mala interpretación del amor. Las parejas dicen: "El sexo es hermoso porque es una expresión de nuestro amor." Pero recuerda que la dopamina producida en tu cerebro durante la actividad sexual no sabe si está casada o no. La oxitocina no sabe si está casada o no. La vasopresina no sabe si está casada o no.[186] Cuando tienes sexo afuera del matrimonio, las líneas entre el amor y la lujuria son borrosas. Es fácil malinterpretar a las reacciones químicas en tu cerebro en cuanto a los sentimientos de amor. No puedes confiar en tus sentimientos para verificar si el sexo está bien o mal, y los sentimientos de amor no son una prueba de que tu relación sea madura o beneficiosa.

La belleza del sexo no significa que el sexo siempre esté bien. Está claro que es posible tener sexo de maneras incorrectas en el momento incorrecto. El resultado final es que el sexo cambia de algo que era hermoso y diseñado para nuestro bien a algo doloroso y feo.

Hay mucha evidencia de que el sexo no siempre es hermoso. Los ejemplos incluyen aventuras que terminan destruyendo familias, adicción a la pornografía, violaciones, abuso de niños y tráfico de niños. Estos ejemplos horribles prueban que el sexo puede ser muy, muy feo. Sólo porque se sienta bien no quiere decir que el sexo esté bien. Sólo porque al principio parezca hermoso no quiere decir que no tendrá consecuencias feas.

Una rápida mirada a los resultados revela cuándo el sexo es correcto y cuándo es incorrecto. El sexo afuera del matrimonio te expone a enfermedades; te pone en riesgo

El sexo es hermoso – tan hermoso que vale la pena protegerlo.

de tener hijos sin estar casado o casada; afecta negativamente tu habilidad para crear vínculos; y puede llevar a la depresión, a la inseguridad y a una tendencia creciente hacia el suicidio. La monogamia mutua en el contexto del matrimonio te da la libertad de disfrutar de los placeres del sexo sin ninguna de las consecuencias recién nombradas.

El sexo es hermoso. De hecho, el sexo es tan hermoso que vale la pena protegerlo. Es tan hermoso que vale la pena esperar.

28 ¿Mis hormonas son demasiado fuertes? ¿No es algo irrealista tener que esperar?

Hace varios años, la terapeuta de sexo estadounidense Ruth Westheimer les hablaba a 1.200 estudiantes en el campus de la Universidad de Cincinnati. Durante una sesión de preguntas y respuestas, un estudiante varón le preguntó: "Doctora Ruth, ¿qué hay si no puedo esperar?"

La doctora Ruth respondió: "Joven, es irrealista pretender que esperes. Tu libido es demasiado fuerte."[187]

La declaración de la doctora Ruth es que el sexo afuera del matrimonio es inevitable. Hace eco al mensaje de nuestra cultura, que enseña que las hormonas alborotadas no pueden ser controladas y que los impulsos del sexo adolescente son demasiado fuertes como para reprimirlos.

Analicemos la declaración de la doctora Ruth.

Imaginemos que un joven va a un terapeuta de sexo como la doctora Ruth y dice: "Doctor, me gusta mucho mi novia y quiero tener sexo con ella, pero ella no quiere tener sexo conmigo." ¿Qué le aconsejaría el terapeuta? Probablemente algo como esto: "Debes esperar hasta que ella esté preparada." (En otras palabras: "Tu libido no es tan fuerte.")

Imaginemos un escenario diferente. Un joven va a un terapeuta de sexo y dice: "Doctor, mis hormonas están muy alborotadas, quiero tener sexo con mi novia y ella quiere tener sexo conmigo. ¿Qué debo hacer?"

El consejo del terapeuta sería como el que dio la doctora Ruth en la Universidad de Cincinnati. "Joven, es irrealista pretender que esperes. Tu libido es demasiado fuerte."

> *Somos* seres humanos; no somos animales. Dios nos ha dado la habilidad de tomar decisiones morales y actuar de acuerdo a las mismas.

De acuerdo a la filosofía de la doctora Ruth sólo somos animales que actúan siguiendo un deseo que no podemos controlar. Si ese tipo de razonamiento fuera verdad, ¿por qué existen leyes en contra de la violación? ¿No es irrealista pretender que un violador espere? ¿Su libido no es demasiado fuerte? ¿Y qué hay de un hombre casado? Si es irrealista que una persona espere hasta el matrimonio, ¿entonces no es irrealista que espere también después de casarse? ¿Quiere decir que no se puede pretender que un joven con una compañera dispuesta a tener sexo espere, pero que sí se puede pretender que espere alguien con una compañera que no está dispuesta? ¿No se puede pretender que los hombres que no están casados esperen, pero un hombre casado puede controlarse aún cuando una mujer que no es su esposa parece deseable? ¿Puedes ver la contradicción? ¿Esperar es irrealista o no?

La noción de que la gente joven no puede esperar es una lógica defectuosa porque ignora un punto importante. Somos seres humanos; no somos animales. Como seres humanos, hemos sido creados a la imagen de Dios. Nos ha dado la habilidad de tomar decisiones morales y actuar de acuerdo a las mismas.

Sí, tus hormonas son fuertes. Sí, esperar puede ser difícil, pero al fin y al cabo el sexo es una elección. No eres un animal. Eres un ser humano al que Dios le ha dado la habilidad de amar, de pensar, de crear y de tomar decisiones basándote en la moralidad.

En el artículo para la revista *Time*, Lance Morrow ha escrito: "los adolescentes no se abstendrán de tener sexo como tampoco lo harían los perritos juguetones del barrio, y es fatuo, punitivo, primitivo esperar que lo hagan. Lo mejor que pueden hacer las autoridades adultas es repartir condones a las bestias con la esperanza de que hagan una pausa lo suficientemente larga para ponerse uno antes de que sus urgencias genitales les impulsen a saltar el cerco."[188]

¿No te frustra escuchar que alguien hable de ti de esta manera? ¿No te haría sentir bien probar que no eres tan sólo un animal, incapaz de controlar tus deseos y tus pasiones?

En el mismo artículo, Morrow admitió que esperar que los jóvenes tengan sexo prematrimonial no les hace ningún favor. Escribe: "La mentalidad del que tira el condón al aire adopta una visión de la naturaleza humana que es cruda y carente de nobleza. Los jóvenes suelen cumplir expectativas. La distribución de condones auspiciada por el estado anuncia que la sociedad oficialmente espera obtener perros copuladores."[189]

La cultura puede pretender que actúes como un animal. La sociedad incluso puede estar alentando tal comportamiento de diferentes maneras. Pero la expectativa de Dios es muy diferente a causa de Su profundo amor y compasión por cada uno de nosotros.

Tito 2:11-12 dice: "En verdad, Dios ha manifestado a toda la humanidad su gracia, la cual trae salvación y nos enseña a rechazar la impiedad y las pasiones mundanas. Así podremos vivir en este mundo con justicia, piedad y dominio propio."

Por la gracia de Dios puedes decirle no al deseo de tener sexo antes de estar casado o casada. Otras personas han esperado. De hecho, en el 2006 los CCPEEU han publicado estadísticas que demostraban que el 47 por ciento de los estudiantes secundarios que se graduaron eran vírgenes por decisión propia.[190] Si has esperado, es probable que sientas que eres el o la única virgen en el planeta, pero en realidad eso no es cierto. Hay millones de jóvenes alrededor del mundo que están esperando para tener sexo hasta el matrimonio. Los que han llegado al altar sin haber entregado su don de la virginidad te dirán que vale la pena esperar.

No regales tu futuro por sólo unos momentos de placer. No permitas que la cultura te diga que esperar es irrealista o imposible. El sexo es una elección. Elige apegarte al diseño de Dios y cosechar los beneficios durante toda tu vida.

29 Yo no soy virgen. ¿Ya es demasiado tarde para mí?

Me he cruzado con miles de jóvenes que se equivocan al creer que una vez que tienen sexo no pueden detenerse o volver atrás. Una vez que pierden su virginidad, no ven manera de recuperarla, de modo que deciden que es demasiado tarde para ellos y siguen empeorando las cosas perpetuando este comportamiento, yendo en contra del plan claro y amoroso de Dios.

Si eso te describe, quiero que sepas que no es absolutamente tarde para ti. Es verdad que nunca más podrás volver a ser físicamente virgen. Eso ya es cosa del pasado. Pero puedes convertirte en un o una virgen espiritualmente. Dios *puede* borrar el pizarrón.

Si has sido activo sexualmente, ya sabes que elegir tener sexo antes de estar casado o casada te ubica en un camino con trampas en cada esquina. El trauma emocional, las relaciones dañadas, la reputación dañada, la imagen personal dañada, los embarazos no deseados y las enfermedades transmitidas sexualmente están todas allí. El camino es peligroso, y cuanto más tiempo te mantengas en él, menos posibilidades tendrás de escapar ileso.

Esta es la cruda verdad. Elegir seguir en ese camino simplemente porque ya has tenido sexo es una decisión trágica y tonta. No es demasiado tarde para darte vuelta y tomar una nueva dirección. Dios ha creado un camino para que tú experimentes Su amor y Su perdón, y para que te alejes de tus pecados y tus patrones de comportamiento del pasado.

Dios *puede* borrar el pizarrón.

Para hacer eso necesitas actuar de una manera específica.

#1: RECONOCE TU PECADO

No digas sólo "Lo he arruinado" o "He cometido un error". No inventes excusas. Llama a tu actividad sexual por su nombre: pecado. Este paso se llama "arrepentimiento". El arrepentimiento simplemente significa estar de acuerdo con Dios en cuanto a que el pecado es pecado sin racionalizaciones o intenciones de volver a cometerlo.

#2: CONFIÉSALO

En 1 Juan 1:9 leemos: "Si confesamos nuestros pecados, Dios, que es fiel y justo, nos los perdonará y nos limpiará de toda maldad." Una vez que hayas admitido que tu actividad sexual afuera del matrimonio es un pecado, confiésale ese pecado a Dios.

#3: ACEPTA EL PERDÓN DE CRISTO

Este es el paso más difícil para muchos jóvenes activos sexualmente. En 1 Juan 1:9 Dios promete que Él nos perdonará por nuestros pecados y que borrará el pizarrón. Pero los jóvenes que siguen teniendo sexo afuera del matrimonio muchas veces se sienten avergonzados, usados y que no merecen el amor de Dios, de modo que siguen pecando. Si has caído en este tipo de pensamiento, la realidad es que has abandonado el perdón de Dios. Cuando te niegas a perdonarte a ti mismo y a acercarte al trono de Dios para buscar Su perdón, estás diciendo que Dios es un mentiroso y que el sacrificio de Cristo no ha sido suficiente.

Cuando consideras que estás más allá del perdón, estás diciendo que Dios no es todopoderoso y que no es capaz de lidiar con la magnitud de lo que tú has hecho. ¡No podrías estar más alejado de la verdad!

Dios ha creado un camino para que tú experimentes Su amor y Su perdón, y para que te alejes de tu pasado.

El amor de Dios por ti y Su perdón a través de la muerte de Cristo en la cruz son mucho más grandes que cualquier cosa de tu pasado, presente o futuro. La base para tu perdón no es el nivel de tu pecado ni tampoco tus sentimientos por lo que has hecho. La base para el perdón es el sacrificio de Cristo por ti. Es crucial que entiendas este hecho.

Dios en la eternidad pasada sabía que íbamos a pecar. De modo que brindó a Su Hijo, Jesucristo, para que bajara en carne humana y subiera a la cruz. Jesús tuvo la infinita capacidad de cargar con todos nuestros pecados sobre Sí y pagar el precio. Subió a la cruz y dijo "Todo se ha cumplido", lo que significa que se había hecho todo lo necesario para que tú fueras perdonado.

Colosenses 2:13-14 dice: "Antes de recibir esa circuncisión, ustedes estaban muertos en sus pecados. Sin embargo, Dios nos dio vida en unión con Cristo, al perdonarnos todos los pecados y anular la deuda que teníamos pendiente por los requisitos de la ley. Él anuló esa deuda que nos era adversa, clavándola en la cruz."

Cuando aceptas el perdón de Cristo por tu pecado sexual, estás aceptando que la gracia de Dios, evidente en la muerte de Cristo en la cruz, es el pago suficiente por tu pecado.

Puedes tomar la decisión de que hoy sea el primer día del resto de tu vida. Puedes apartarte del camino del pecado sexual y aceptar el perdón de Cristo. Pero no puedes detenerte allí.

Mateo 3:8 dice: "Produzcan frutos que demuestren arrepentimiento." Aceptar por completo el perdón de Dios por tu pecado sexual significa tomar decisiones para evitar volver a caer en la misma trampa. Los estudios demuestran que si has sido activo sexualmente, corres el riesgo de caer en el mismo nivel de participación sexual en tu próxima relación. *Producir frutos de tu arrepentimiento significa tomar decisiones para evitar volver a pecar.* Puede significar tomar la decisión de no ir a ver ciertas películas porque crean un campo de batalla en tu mente. Puede significar rehusarte a estar solo o sola con tu novio o tu novia de nuevo porque eso te tienta a pecar. Puede significar mantener-

> **Un compromiso renovado con los estándares de Dios es una elección que muchas veces requiere determinación y trabajo duro.**

te al margen del romance y esperar mucho tiempo antes de volver a ponerte de novio o de novia. Al igual que el sexo es una elección, un compromiso renovado con los estándares de Dios es una elección que muchas veces requiere determinación y trabajo duro.

30 ¿El sexting es algo malo?

El *sexting* es una tendencia en crecimiento entre los adolescentes. Las investigaciones demuestran que al menos el 20 por ciento de los adolescentes en los Estados Unidos han enviado, por mensaje de texto, fotografías de ellos desnudos o desnudas o semidesnudos y semidesnudas.[191] La mayoría de los adolescentes ve al *sexting* sólo como un coqueteo tecnológico. Piensan: "Es sólo una diversión inocente. No estoy lastimando a nadie."

Eso no es verdad. Muchos jóvenes parecen considerar que el envío de material pornográfico es como si fuera una tarjeta de crédito, y lo mismo hacen con otras actividades sexuales: diviértete ahora, paga después. Si estás enviando o recibiendo imágenes pornográficas, *pagarás* un precio y terminarás *lastimándote*.

Una de las principales consecuencias del *sexting* es la humillación pública. Los estudios indican que la mayoría de los tipos que reciben mensajes pornográficos los compartirán con otros.[192] Puedes enviar una imagen con la intención de que sólo la vea tu novio, pero lo más probable es que no sólo la vean sus ojos. Y cuando las imágenes se comienzan a enviar, estarán en archivos electrónicos para siempre y las consecuencias pueden ser devastadoras.

El *sexting* revela los secretos de tu cuerpo a alguien que no es tu cónyuge.

Muchos adolescentes se equivocan al pensar que el *sexting* es perfectamente legal. No lo es. De hecho, alrededor del país, los jóvenes están siendo abofeteados con serios cargos como resultado de mensajes pornográficos que no se han mantenido privados.[193]

En el 2007, dos jovencitas de trece años fueron acusadas con cargos de pornografía infantil y obscenidad luego de que unas fotografías tomadas por ellas mismas con sus celulares fueron ampliamente distribuidas sin su permiso. Cuando las niñas declararon que ellas no sabían que lo que hacían era un crimen, el fiscal del distrito en el caso dijo: "Bueno, como todos sabemos, la ignorancia de la ley no es una defensa."[194]

En los últimos años, muchos adolescentes han sido procesados como delincuentes sexuales por enviar y recibir imágenes pornográficas en sus celulares. En un caso, tres estudiantes en una escuela secundaria de Pensilvania enviaron imágenes explícitas de ellas mismas a cuatro compañeros varones de su clase. Los siete de ellos afrontan cargos por pornografía infantil y una etiqueta permanente de "delincuentes sexuales".[195]

El *sexting* no es una diversión sana; es un delito grave. Legalmente, el *sexting* está creando pornografía infantil. El reenvío de estas imágenes por medios electrónicos se considera por la ley como pornografía infantil. Los jóvenes procesados por *sexting* nunca escaparán a la etiqueta que recibieron como resultado de su condena. Cuando se casen seguirán marcados y serán privados de ir a la escuela con sus hijos, llevarlos a las clases de fútbol infantil o de invitar a otras familias a comer a su casa, porque son delincuentes sexuales. Durante el resto de sus vidas sufrirán las consecuencias, todo por el *sexting*.

El *sexting* no sólo es ilegal; es devastador. En el 2009, una estudiante femenina de Florida se ahorcó luego de que unas fotografías que ella se había tomado con su celular fueran distribuidas sin su permiso.[196] Eso no suena como diversión sana. Está claro que la gente puede salir lastimada.

Estos pueden parecer ejemplos extremos, pero dan una noción clara de la devastación que puede dejar el *sexting* en las vidas de los que participan del mismo. Incluso si la ley no te atrapa, las imágenes que envíes no permanecerán confidenciales. Esas imágenes existirán para siempre. Tu futuro empleador podría verlas. Tus compañeros podrían

Muchos adolescentes se equivocan al pensar que el *sexting* es perfectamente legal. No lo es.

verlas. Tu futura esposa o esposo o tus futuros hijos podrían verlas. Y entonces definitivamente alguien saldrá lastimado.

Salmos 101:3 dice: "No me pondré como meta nada en que haya perversidad." Un hombre o una mujer desnuda no es algo perverso, pero Dios nos pide que esperemos para revelarnos de esta manera hasta que estemos casados. Hay un lugar y un momento para la exposición total, y no tiene nada que ver con los teléfonos celulares o con Internet. Los estándares de Dios para tu vida amorosa no están limitados a lo que suceda en la habitación. El *sexting* es algo malo porque revela los secretos de tu cuerpo a otra persona que no es tu cónyuge.

31 ¿Cómo puedo ser perdonado y sentirme perdonado?

Muchos saben las dolorosas consecuencias del pecado sexual. Han sentido la vergüenza, la culpa y la soledad que acompaña al sexo afuera de los tiempos de Dios. La información en este libro puede haberte convencido de cambiar de dirección y buscar la pureza desde ahora en adelante. Puede ser que te estés preguntando si Dios puede perdonarte, y tal vez dudes de si alguna vez sentirás el alivio que da el perdón. Por favor, presta mucha atención a esto.

La razón por la cual te *sientes* culpable es porque *eres* culpable. Romanos 3:23 nos dice que todos hemos pecado y estamos privados de la gloria de Dios. Ya hemos dejado en claro que cualquier actividad sexual, aparte de la que se da entre un esposo y una esposa, es un pecado. Si has estado teniendo sexo por ahí, has pecado y probablemente ya sepas que la culpa es una consecuencia inevitable.

La Palabra de Dios dice que el perdón es posible y que puedes ser liberado incluso luego de una larga temporada de pecados. No puedes sobreponerte al pecado por tu propia cuenta; tampoco puedes borrar el pizarrón de tu corazón, pero *hay* alguien que sí puede hacerlo.

1 Juan 2:1 dice: "Mis queridos hijos, les escribo estas cosas para que no pequen. Pero si alguno peca, tenemos ante el Padre a un intercesor, a Jesucristo, el Justo." Jesús se para ante el trono de Dios pidiendo el perdón en nuestro nombre. Sólo podemos ser perdonados a través de Jesús. Si todavía no tienes una relación personal con Jesucristo, el punto de comienzo de este camino al perdón es un encuentro personal y que cambia vidas con Jesús.

Recuerda que Romanos 3:23 nos dice que todos hemos pecado. ¡Eso nos incluye a todos! Si le pides a Jesús que sea tu Salvador, Él te perdonará por todos tus pecados. ¿Cómo se da ese primer paso? Orando así: *Señor Jesús, Te necesito. Perdóname y límpiame. En este mismo momento confío en Ti como Salvador y Señor. Toma el trono de mi vida; cámbiame de mi interior a mi exterior. Gracias por permitir que confíe en Ti. En el nombre de Cristo, Amén.*

¿Qué sucede cuando admites tus pecados y tu necesidad para que Jesús te salve de ellos? *Él te perdona por completo.*

En 1 Juan 1:9 leemos: "Si confesamos nuestros pecados, Dios, que es fiel y justo, nos los perdonará y nos limpiará de toda maldad."

Este versículo promete claramente que Dios está dispuesto y es capaz de perdonar todos nuestros pecados. No dice "todo excepto nuestros pecados sexuales". ¡No! Dios nos perdona todas nuestras maldades cuando las llevamos ante Él.

Puedes pensar: "Entiendo que Jesús ha hecho un camino para que mis pecados sean perdonados, pero no me siento perdonado por las cosas que he hecho." En esta coyuntura es que debemos elegir la verdad. No compres la mentira de que el perdón

Puedes ser liberado incluso luego de una larga temporada de pecados.

de Dios no se aplica a ti. Eso es exactamente lo que Satanás te quiere hacer creer. Si estás en Cristo, la verdad es: "Tan lejos de nosotros echó nuestras transgresiones como lejos del oriente está el occidente" (Salmo 103:12).

Dios no sólo te perdona por tus pecados sexuales. Él ha removido completamente todos tus errores. Cuando el salmista escribe que Dios remueve nuestros pecados "Tan lejos como el oriente del occidente", está utilizando la expresión en hebreo para infinito. Piénsalo. Hay un Polo Norte y un Polo Sur. Sólo se puede ir hacia el norte si uno ha estado yendo hacia el sur. Solo se puede ir hacia el sur si uno ha estado yendo hacia el norte. Puedes medir la distancia del sur al norte. Pero no hay un polo oriental. No hay un polo occidental. Si viajas hacia el oriente, irás al oriente toda la eternidad. Si viajas al occidente, viajarás al occidente toda la eternidad. No puedes medir la distancia. Así de lejos remueve Jesús tus pecados. Eso demuestra la profundidad de Su perdón.

Puedes caminar en la libertad de ese perdón eligiendo creer en lo que Dios ya ha escrito acerca de ti. Dios quiere perdonarte. Jesús ya ha pagado el precio por tu pecado con Su muerte en la cruz. Cuando le pides perdón a Dios, Él borrará por completo el pizarrón.

32 ¿Cómo puedo saber si alguien me ama?

Hay dos pruebas ciertas que yo recomiendo para reconocer al amor genuino.

Primero, si tienes una relación amorosa e íntima con tus padres, háblales acerca de tu relación. Tus padres, en especial tu padre, probablemente sea capaz de reconocer a una relación amorosa y sana antes que tú. Los padres cariñosos tienen una gran mirada interior en cuanto a cómo es una relación sana para sus hijos.

Sé que no todos tienen una relación amorosa con sus padres. Desearía que no fuera así. Desearía que todo chico y chica pudiera crecer teniendo una relación amorosa y cálida con sus padres. ¡Qué gran diferencia habría en el tema del sexo adolescente!

Si no puedes pedirles consejos a tus padres acerca de tus relaciones, hay otra manera, que se encuentra en las Escrituras, para saber si estás experimentando o no el verdadero amor.

Un pasaje del Nuevo Testamento, 1 Corintios 13, siempre surge cuando los cristianos comienzan a hablar acerca del amor. Eso es porque este pasaje brinda una plantilla acerca de lo que es realmente el amor. Nos enseña, en términos claros, lo que deberíamos buscar en una relación amorosa. En lugar de simplemente basarnos en los sentimientos para que nos digan cuándo hemos encontrado al amor, este pasaje nos da un mapa de cómo se ve realmente el amor y nos da los estándares con los cuales podemos medir nuestras acciones y sentimientos.

Miremos los versículos 4-7:

> El amor es paciente,
>   es bondadoso.
> El amor no es envidioso
>   ni jactancioso
>   ni orgulloso.
> No se comporta con rudeza,
>   no es egoísta,
>   no se enoja fácilmente,
>   no guarda rencor.
> El amor no se deleita en la maldad
>   sino que se regocija con la verdad.
> Todo lo disculpa,
>   todo lo cree,
>   todo lo espera,
>   todo lo soporta.

Una manera práctica de aplicar esta pasaje, si estás comenzando a salir con alguien, es sustituir a la palabra "amor" por el nombre de tu compañero o compañera. Por ejemplo, si Andrea está comenzando a salir con Matt, ella sustituiría su nombre en este pasaje de esta manera:

> Matt es paciente,
> Matt es bondadoso.
> Matt no es envidioso
> Matt no es jactancioso
> Matt no es orgulloso.
> Matt no se comporta con rudeza, etc.

Regresa y revisa el pasaje con el nombre de tu pareja en lugar de la palabra "amor". ¿Qué tan acertada es la descripción? Si estás en una relación sexual prematrimonial, la lista no se aplicará bien a tu pareja porque el sexo afuera de los límites de Dios no es ni paciente ni bondadoso, y es motivado por instintos egoístas. Sin embargo, si tu pareja cumple con las cualidades alistadas en este pasaje, es muy probable que estés en medio de una relación amorosa y cariñosa.

Pero el secreto para un amor verdadero en realidad no se trata de encontrar a la persona correcta. Se trata de *ser* la persona correcta.

Los padres cariñosos tienen una gran mirada interior.

No puedes esperar que un compañero o compañera, sin importar lo maravilloso o maravillosa que sea, contribuya todo lo necesario para crear un amor duradero. ¿Cómo puedes saber si estás listo para ofrecer amor verdadero a otra persona? Sustituye tu nombre en el pasaje que acabamos de leer. ¿Eres amoroso? ¿Eres bondadoso? ¿O eres envidioso y jactancioso? ¿Tus acciones y tus pensamientos buscan el beneficio de la otra persona? ¿Estás listo para valorar a la felicidad y bienestar de tu pareja por sobre las tuyas? De no ser así, necesitas tiempos para crecer y desarrollar un amor genuino.

Volvamos a la definición de amor en la pregunta número 4. La Palabra de Dios brinda la definición más simple de amor, proteger y proveer.

El secreto para un amor verdadero en realidad no se trata de encontrar a la persona correcta. Se trata de *ser* la persona correcta.

El amor verdadero siempre, sin excepción, busca lo mejor para el ser amado. Su motivación es siempre proteger y proveer. ¿Cómo podemos saber si somos realmente amados? ¿Tu compañero o compañera hace todo lo posible para proveerte bienestar y proteger a tu corazón? ¿Tú haces lo mismo por él o por ella? De no ser así, tómate un tiempo para permitirle a Dios que te enseñe cómo amar bien a los demás y a esperar al amor verdadero cuando Él lo disponga.

33 ¿Cómo puedo saber la voluntad de Dios?

Cuando se trata de las relaciones románticas, la Biblia ofrece una imagen clara de la voluntad de Dios.

En 1 Tesalonicenses 4:1, Pablo escribe esto a los creyentes en Tesalónica: "Por lo demás, hermanos, les pedimos encarecidamente en el nombre del Señor Jesús que sigan progresando en el modo de vivir que agrada a Dios, tal como lo aprendieron de nosotros. De hecho, ya lo están practicando." Estaba escribiendo acerca de cómo complacer a Dios. Luego Pablo los alentó: "¡Ustedes lo están haciendo! Están viviendo cada vez más afuera de la voluntad de Dios."

En los versículos 2 y 3 prosigue: "Ustedes saben cuáles son las instrucciones que les dimos de parte del Señor Jesús. La voluntad de Dios es que sean santificados; que se aparten de la inmoralidad sexual."

¿Cuál es el mandamiento que da Pablo aquí? Abstenerse de la inmoralidad sexual. ¿Por qué? Por la voluntad de Dios. Este pasaje no dice que *quizás* la pureza sea la voluntad de Dios, o que *a veces* es la voluntad de Dios, o que *podría* ser el plan de Dios para ti en algunas circunstancias. ¡No! La pureza sexual *es* la voluntad de Dios para tu vida. ¿Y por qué es la voluntad de Dios? Para nuestra santificación, nuestra purificación, nuestro bien.

¿Quieres complacer a Dios? Abstente de la inmoralidad sexual. ¿Quieres saber Su voluntad? Abstente de la inmoralidad sexual. Él nos ha dicho Su voluntad para que podamos vivir Sus bendiciones. Por medio de Su Palabra, Dios ha dicho: "Los amo", que significa "Quiero protegerlos y quiero proveerles. ¡Esperen!"

Más allá de tus relaciones románticas, ¿cómo puedes saber la voluntad de Dios para tu vida? La voluntad de Dios para nosotros es que nos llenemos con Su Espíritu Santo. Efesios 5:18 dice: "No se emborrachen con vino, que lleva al desenfreno. Al contrario, sean llenos del Espíritu." Este versículo nos dice que no confiemos en las influencias sintéticas para encontrar satisfacción. En lugar de eso debemos permitir que el Espíritu Santo influencie nuestras vidas de una manera sobrenatural y nos cambie de adentro para afuera. La voluntad de Dios para ti es que te llenes con el Espíritu Santo y que vivas una vida bajo el control de Su Espíritu.

1 Juan 5:14-15 dice: "Ésta es la confianza que tenemos al acercarnos a Dios: que si pedimos conforme a su voluntad, él nos oye. Y si sabemos que Dios oye todas nuestras oraciones, podemos estar seguros de que ya tenemos lo que le hemos pedido."

¡Qué promesa! ¡Cuando le pedimos a Dios algo que Él quiere que tengamos, Él nos lo dará! Dios quiere que nos llenemos con Su Espíritu Santo. Nos quiere enseñar a ser más y más parecidos a Él. Quiere darnos poder en nuestras vidas sexuales. Quiere que el sexo sea un regalo al que esperamos para abrir con nuestra esposa o esposo. Podemos contar en que Él cumplirá Sus promesas y nos dará bendiciones cuando vivamos de acuerdo a Su voluntad. ¿Él puede contar contigo?

34 ¿Cómo puedo decir que no?

Puedes resistir a la presión de tener sexo afuera del matrimonio. Puedes soportar ante la presión de tus pares y de los medios para mantener tu compromiso de abstenerte. La pureza es posible, pero no se dará por accidente. Necesitas tener las estrategias en su lugar para mantener tus pies en el camino correcto. He aquí once estrategias de efectividad probada.[197]

TEN UNA ESTRUCTURA DE RESPONSABILIDAD

Elige amigos que tengan las mismas convicciones que tú en cuanto al sexo y pasa la mayor parte de tu tiempo con ellos. Buscar la pureza puede ser una batalla. No entres en ella solo. Los amigos con tu mismo compromiso son tu mejor defensa.

Eclesiastés 4:9-10 nos dice: "Más valen dos que uno, porque obtienen más fruto de su esfuerzo. Si caen, el uno levanta al otro. ¡Ay del que cae y no tiene quien lo levante!"

Nunca dejes de buscar amigos que te apoyen. Crea una estructura de soporte que incluya amigos, a tu pastor de jóvenes, maestros y adultos sabios que estén dispuestos a hacer preguntas difíciles. Busca gente que te pueda ayudar a establecer límites y caminen contigo por el camino de la pureza.

ESTABLECE LÍMITES CLAROS ANTES DE QUE LOS NECESITES

Tu cuerpo no fue diseñado para ser capaz de dejar de sentir cosas sexualmente. Fue diseñado para seguir moviéndote hacia el sexo en el contexto de una relación comprometida de matrimonio. Si entras en una situación en donde las cosas se ponen físicas o tu mente comienza a habitar en imágenes sexuales, te será difícil tomar las riendas. Establece límites claros en cuanto a lo que harás físicamente y en qué situaciones te permitirás entrar, siempre un paso adelante en el tiempo, antes de que surja la posibilidad.

La pureza es posible, pero no se dará por accidente.

Por ejemplo, para evitar la tentación de mirar pornografía puedes establecer el límite de que sólo mirarás a la computadora en una habitación pública cuando haya otras personas alrededor. Para evitar una situación demasiado física con tu novio o tu novia, podrías establecer el límite de que nunca estarán solos en un auto estacionado, en una casa vacía o en cualquier otro lugar en donde puedas tentarte a comprometer tus estándares.

ESCRIBE

Escribe tu compromiso de abstenerte del sexo. Tómate el tiempo para escribirlo físicamente para que tu corazón pueda estar resguardado por tu mente. Una vez que te encuentres en una relación romántica, tómate el tiempo de escribir los límites para tu relación con tu compañero o compañera. El hecho de escribirlo tiene un poder real y verás a tu compromiso deletreado en blanco y negro.

PÍDELE A DIOS QUE TE AYUDE

Puedes haber elegido el camino a la pureza por un deseo de complacer a Dios, pero, ¿realmente has hablado de eso con Dios? ¿Te has acercado a Él en oración y le has pedido específicamente que te ayude a mantenerte puro? Sugiero que ores diciendo esto: *Jesús, necesito Tu ayuda. No puedo hacer esto solo. Necesito llenarme de Tu fuerza y que me ayudes a mantenerme puro sexualmente.*

Pablo escribió: "Porque cuando soy débil, entonces soy fuerte" (2 Corintios 12:10). Dios es capaz de darte la fuerza que necesitas para preservarte. ¡Pídesela!

RETRASA EL ROMANCE

Los estudios han demostrado un profundo vínculo entre comenzar a salir a una edad temprana y tener sexo a una edad temprana. Empezar a salir une a una pareja física y emocionalmente. La cercanía promueve el contacto físico, que libera poderosas hormonas de vinculación y revoluciona poderosos motores sexuales para ambas partes. Las investigaciones prueban que a cuanta más temprana edad la gente comienza a tener pareja, más posibilidades hay de que se vuelvan sexualmente activos.

Por ejemplo, de los jóvenes que comienzan a tener pareja a los doce años de edad, el 91 por ciento de ellos tendrá sexo antes de graduarse de la secundaria. De los que esperan para tener pareja hasta los quince años de edad, el 40 por ciento pierde su virginidad en la secundaria. De los que esperan a tener pareja hasta los dieciséis años, sólo el 20 por ciento de ellos tiene sexo antes de la graduación.[198]

Esperar para el romance te ayudará a esperar a tener sexo.

NO TE INVOLUCRES CON ALGUIEN QUE NO COMPARTE TUS VALORES

"No formen yunta con los incrédulos. ¿Qué tienen en común la justicia y la maldad? ¿O qué comunión puede tener la luz con la oscuridad?" (2 Corintios 6:14). Este pasaje advierte que no debemos involucrarnos con alguien que no comparte nuestro compromiso a la fe o a la pureza. Si tu pareja no es un o una cristiana comprometida y no está comprometida en seguir los estándares de Dios para el sexo, la pureza será un camino en subida. Como parte de tu compromiso con la pureza sexual, comprométete a salir sólo con personas que tengan los mismos estándares.

HAZ QUE SE CONOZCAN TUS VALORES

¿Cómo puedes saber si la persona con la que estás considerando salir comparte tus valores? ¡Pregunta! Sé decidido en cuanto a tus valores, en especial con tus valores en cuanto al sexo y las relaciones. Si no permites que se conozcan tus valores, será mucho más difícil una vez que la relación ya haya progresado.

PLANEA A FUTURO

Planea tus citas a futuro. Sé específico en cuanto a dónde te estás dirigiendo, qué es lo que harás y con quién te involucrarás. Cuando planeas las cosas casi nunca te metes en problemas. Cuando no tienes un plan específico de citas y tienes un tiempo de inactividad, la oportunidad de comprometerse se vuelve una amenaza mayor.

PRESÉNTALES TU PAREJA A TUS PADRES

Recuerda de la respuesta a la pregunta número 32 que una de las pruebas de fuego para la salud de la relación es la aprobación de tus padres. Permite que tus padres hablen con tu pareja. Considéralo como una salida de parejas con tus padres en los comienzos de tu relación. Pocas personas te conocen tan bien como tus padres. Permitir que entren a tu vida amorosa brinda una responsabilidad desde el interior y te ayuda a juzgar si la persona con la que sales te ayudará o no a mantenerte puro. Mi esposa Dottie y yo hemos hechos salidas de a cuatro con algunos de nuestros hijos y sus parejas. Hasta el día de hoy atesoramos los recuerdos de esos momentos, ¡y nuestros hijos también!

EVITA EL ALCOHOL Y LAS DROGAS

Un estudio reciente ha demostrado que el 23 por ciento de los estudiantes de escuelas secundarias han utilizado drogas o alcohol en sus últimas relaciones sexuales. Más alarmante aún es el hecho de que un cuarto de los adolescentes que dicen haber tenido relaciones sexuales bajo los efectos del alcohol o las drogas, dicen que de haber estado sobrios no lo hubiesen hecho.[199] Muchos adolescentes informan que cuando tuvieron su primera experiencia sexual estaban bajo los efectos del alcohol.[200]

Es un hecho aceptado que el abuso de esa sustancia impide tu habilidad para tomar decisiones lógicas incluyendo el juicio en cuanto al comportamiento sexual. Si quieres abstenerte del sexo hasta estar casado o casada, y evitar los riesgos que implican las experiencias sexuales, mantente alejado de las drogas y del alcohol.

PROTEGE TUS OJOS

La Palabra de Dios nos dice que somos lo que pensamos. Proverbios 23:7 dice: "Pues como piensa dentro de sí, así es" (LBLA).

El punto final es: lo que piensas afectará lo que *hagas* y en *quién* te conviertes. Ten en cuenta que la manera en la que se enmarca al sexo en los medios hoy en día es falsamente atractiva. Exponerte a los estimulantes falsos como la televisión, los videos, las películas y los artículos en la red con marcos irreales y no santos del sexo te *afectará*. *No* estoy diciendo, "Nunca vayas a ver una película, ni mires televisión ni pases tiempo en Internet". Las Escrituras no nos enseñan que los medios en sí sean pecaminosos. Estoy diciendo que tengamos discernimiento. Protege tu mente contra todo lo que pueda tenderte trampas en tu búsqueda de la pureza.

La búsqueda de la pureza puede ser una batalla. No entres en ella solo.

"Por último, hermanos, consideren bien todo lo verdadero, todo lo respetable, todo lo justo, todo lo puro, todo lo amable, todo lo digno de admiración, en fin, todo lo que sea excelente o merezca elogio" (Filipenses 4:8). Es aquí en donde necesitamos elegir (como un acto de nuestra voluntad) establecer nuestras mentes en cosas que no harán que comprometamos nuestros valores. ¡Sólo nosotros podemos tomar esa decisión!

35 ¿Cuán lejos es demasiado lejos?

¿Alguna vez has pensado que la pureza sería mucho más fácil de conseguir si la Biblia dijera claramente: "Hasta aquí es exactamente hasta donde puedes llegar físicamente y permanecer puro?" ¿No crees que si Dios dibujara una línea en la arena sería mucho más fácil saber cómo debemos comportarnos?

Las reglas duras y rápidas pueden parecer una buena idea cuando se trata de la actividad física, pero yo no estoy convencido de que resolverían nuestros problemas de las tentaciones. Si Dios dibujara una línea exacta dividiendo el contacto físico aceptable del inaceptable, todos llegarían hasta esa línea y avanzarían "sólo un poquito más". El pecar e ir en contra de la autoridad es nuestra naturaleza humana. Si la Biblia nos diera una cantidad de reglas, muchos encontrarían la manera de quebrar esas reglas. En Su sabiduría, Dios nos dio en Su Palabra mucho más que una simple lista de reglas para el comportamiento físico antes del matrimonio. Al darnos principios en Su Palabra, hizo algo mucho mejor que podemos aplicar en nuestras relación.

Considera estos principios como puntos de control en el camino a la pureza. Si tus valores y el nivel de tu actividad física en tu relación de pareja te permiten apegarte a estos principios, tus límites están bien establecidos. Si, por el otro lado, el nivel del contacto físico en tu relación viola incluso a uno de estos principios, retráctate y vuelve a evaluar tus límites.

EL PRINCIPIO DEL "COMO SEA"

Filipenses 4:8 dice: "Por último, hermanos, consideren bien todo lo verdadero, todo lo respetable, todo lo justo, todo lo puro, todo lo amable, todo lo digno de admiración, en fin, todo lo que sea excelente o merezca elogio."

La pregunta que deberías hacer no es, "¿Qué tan lejos puedo llegar sin meterme en problemas?", sino, "¿Qué podemos hacer para pensar en las cosas que son puras y honorables?"

¿Pueden tomarse de las manos y pensar cosas que son puras y honorables? Probablemente. ¿Pueden abrazarse y pensar cosas puras? Tal vez. ¿Qué hay de besarse? ¿Y las caricias sexuales? ¿Y tener sexo oral? Está claro que hay un punto en donde tus acciones harán que tus pensamientos se alejen de lo que es puro, honorable y verdadero y te lleven a un incremento en el deseo del contacto sexual. No decidas a dónde está tu línea luego de que tus pensamientos se hayan vuelto impuros. Decide con anticipación qué tan lejos piensas que puedes ir y seguir teniendo pensamientos basándote en las cosas de Dios. Este es un gran estándar para hablarlo con tus padres, tu pastor de jóvenes o con un adulto con el que tengas confianza.

EL PRINCIPIO DE "NADA"

Efesios 5:3 dice: "Entre ustedes ni siquiera debe mencionarse la inmoralidad sexual, ni ninguna clase de impureza o de avaricia, porque eso no es propio del pueblo santo de Dios."

La Palabra de Dios no sugiere que nos acerquemos lo máximo que podamos a la línea del pecado sexual. En realidad dice lo contrario. Este pasaje nos dice que ni siquiera nos insinuemos al pecado sexual.

¿Te estás insinuando al pecado sexual cuando pasas horas besándote apasionadamente en el sillón de tu novia o tu novio? ¿Te estás insinuando al pecado sexual cuando se abrazan por largos períodos, quedando ambos con más y más ganas de contacto físico? ¿Te estás insinuando al pecado sexual cuando se frotan el uno al otro en áreas privadas incluso por sobre la ropa? Si te estás insinuando al sexo, estás yendo demasiado lejos.

EL PRINCIPIO DEL "FUEGO APAGADO"

Si tu meta es la pureza, comprométete a nunca hacer que la otra persona quiera llegar hasta el final. Considera todo el tiempo si tus acciones pueden hacer que tu compañero o compañera quiera involucrarse más físicamente. Eso incluye lo que vean en sus citas (películas, videos, programas de televisión), lo que hagan cuando estén juntos, cómo se relacionan entre ustedes, cómo se tocan... ¡todo lo que hagan!

No enciendas un fuego de pasión en tu compañero o tu compañera con la manera en la que te comportas. Para algunas personas un beso de buenas noches sería algo totalmente inocente. Para otras, enciende un fuego de pasión y un deseo de ir más y más allá.

Si te estás insinuando al sexo, estás yendo demasiado lejos.

Estos tres principios tienen un tema en común. En lugar de pensar, "¿Qué tan lejos puedo ir?", la Biblia nos enseña a preguntarnos, "¿Cuántos puedo reservar para mi futura esposa o esposo y preservarme para experimentar lo mejor que Dios puede darme en el sexo?"

36 ¿Qué les puedo decir a los que me presionan a transigir?

Aquí hay una lista de nuestras repuestas favoritas para aquellos que te dicen que no esperes. Utilízalas cuando alguien intente mentirte diciéndote que vale la pena tener sexo afuera del diseño de Dios.

"BUENO, ¡TODOS LO ESTÁN HACIENDO!"

"Entonces no debería ser muy difícil encontrar a otra persona."

"¡SI ME AMARAS LO HARÍAS!"

"Si realmente me amaras, no me lo hubieses pedido, porque el sexo afuera del matrimonio no me protege a mi ni tampoco ayuda para mi futuro."

"BUENO, ¡DÉJAME QUE TE CONVIERTA EN UN HOMBRE!"

"¿Qué tiene que ver el sexo con que me convierta en un hombre? Mi perro puede tener sexo. Eso no lo convierte en más perro y mucho menos me convertirá en un hombre."

"NO NECESITAS UN CERTIFICADO DE MATRIMONIO, ES SÓLO UN PAPEL"

"Si el certificado de matrimonio es sólo un papel antes de que te cases, será sólo un papel luego de que te cases."

"OH, VAMOS, NO NECESITAS UN ANILLO DE MATRIMONIO, ¡ES SÓLO UN ARO DE METAL!"

"No es un aro de metal. Es un símbolo de fidelidad y lealtad a una persona por el resto de la vida. Si no significa eso antes del matrimonio, no significará nada después del matrimonio. Un anillo es mucho más que un aro de metal. Además, si tu anillo es sólo un 'aro de metal' antes de casarte, será sólo un 'aro de metal' después de casarte."

El sexo no es algo que sólo sucede. Es una decisión.

"¡BUENO, NECESITAMOS VER SI SOMOS COMPATIBLES!"

"No se trata de la fontanería. La compatibilidad física no es un problema. Es relacional."

"¡NADIE SE QUIERE CASAR CON UNA MUJER INEXPERTA!"

"Bueno, creo que yo sería la excepción."

"¡NO SABES LO QUE TE ESTÁS PERDIENDO!"

"Bueno, creo que somos dos entonces."

"¡NO ME PUEDO CONTENER!"

"Si no te puedes contener ahora, no podrás contenerte después, de modo que nunca querría casarme con alguien como tú."

"TAN SÓLO SUCEDIÓ"

"El sexo no es algo que sólo sucede. Es una decisión."

"EL SEXO PRUEBA QUE ERES UN ADULTO"

"No, lo que prueba que soy un adulto es decidir si está bien o mal y mantenerme firme. Para ser un adulto hay que tener carácter."

"SI NO LO HACES, SIGNIFICA QUE NO ME AMAS"

"Bueno, el hecho de que digas eso demuestra que tú no me amas. De hecho, ni siquiera me respetas."

"PERO EL SEXO ES TAN HERMOSO"

"Por supuesto que el sexo es hermoso. Si no fuera hermoso antes del matrimonio, tampoco lo sería después de estar casados. De hecho, el sexo es tan hermoso que vale la pena protegerlo."

PR 37 ¿Cómo afectará mi vida sexual la pornografía?

Antes de poder comprender lo que hace la pornografía, necesitamos entender qué es la pornografía. El diccionario define a la pornografía como: "La descripción de un comportamiento erótico (en imágenes o en escritura) con la intención de causar excitación sexual."[201] Cuando se menciona a la pornografía, la mayoría piensa en páginas web triple X o revistas de desnudos, y eso ciertamente es pornografía, pero de acuerdo a la definición también estamos expuestos a la pornografía cuando miramos programas de televisión o películas con escenas de sexo, cuando vemos imágenes en revistas o en publicidades que están diseñadas para generar una excitación sexual, o incluso en los libros literarios en donde se escribe acerca del sexo en una manera excitante.

La exposición a la pornografía es común en nuestra cultura. De hecho, la pornografía es una industria que genera $13.3 mil millones de dólares.[202] Los estudios indican que regularmente 40 millones de adultos visitan sitios pornográficos en Internet. Eso es más de diez veces la cantidad de personas que miran baseball regularmente.[203] En Internet hay al menos 40.000 sitios pornográficos.[204] Más del 60 por ciento de todas las visitas a los sitios de Internet son de naturaleza sexual,[205] y el sexo es el tema más buscado en Internet.[206] Está claro que la exposición a la pornografía se expande cada vez más.

El espectro de la gente que mira pornografía está cambiando al incluir a participantes mujeres y a jóvenes. De hecho, el 70 por ciento de los jóvenes de entre dieciocho y veinticuatro años visitan una página de Internet pornográfica al mes. La edad promedio de la primera exposición a la pornografía en Internet es de once años.[207] Además, el adolescente promedio mira tres horas de televisión al día, por lo general durante el horario de máxima audiencia, cuando hay más contenido sexual.[208] El 35 por ciento de los adictos a la pornografía son mujeres.[209]

Como vivimos en una cultura en la que la pornografía es más común que el pasatiempo favorito en los Estados Unidos, puedes sentirte tentado a pensar que la pornografía no es un problema mayor. Puede ser que pienses, "No lastima a nadie", o "Es sólo por diversión", o "Lo dejaré luego". De hecho, muchos jóvenes creen que pueden utilizar a la pornografía antes de casarse y abandonarla luego del casamiento porque entonces experimentarán lo real. La realidad es que no funciona de esa manera.

¿Recuerdas que bajo la pregunta número 7 hemos explorado las maneras en las que las experiencias sexuales afectan a tu cerebro? La pornografía está diseñada para el estímulo sexual. Cuando uno ve una escena explícita en una película o ve imágenes sexuales en Internet, el cerebro tiene la misma respuesta neuroquímica que tendía si estuviésemos teniendo contacto sexual con un o una compañera real. Tu cuerpo libera a una gran dosis del químico que nos hace sentir bien (dopamina) y se llena de oxitocina o vasopresina, que funciona como una súper-cola humana para crear un vínculo con tu compañero o compañera, incluso si ese compañero o compañera es virtual.

La intención de Dios es que seas estimulado sexualmente por tu esposo o tu esposa. Cuando utilizamos imágenes pornográficas para la estimulación sexual, creamos un vínculo con esa imagen. A pesar de que no estamos teniendo sexo con muchos compañeros o compañeras, nuestro cerebro cree que sí. Más aún, como la exposición a la pornografía es altamente sensorial, provoca una liberación del químico de la memoria, la norepinefrina, que graba esas imágenes a nuestro cerebro. Como resultado, no puedes evitar llevar a tu cama matrimonial imágenes que has visto a causa de la exposición a la pornografía.

La pornografía reduce al sexo a sólo un acto físico.

Por la manera en la que tu cerebro responde a la pornografía, la exposición a la pornografía puede dañar tu habilidad para vincularte con tu esposo o tu esposa.

Como mirar pornografía brinda una gran dosis de dopamina, se ha probado que es progresiva y adictiva. Cuando te casas, querrás crear un vínculo genuino con tu esposo o tu esposa, pero a causa de la exposición a la pornografía, necesitarás más y más imágenes estimulantes para poder obtener la respuesta neuroquímica que buscas.

Se ha probado que la exposición a la pornografía cambia las miradas de la sexualidad de los que la utilizan. Un estudio ha demostrado que la exposición a la pornografía causa claramente que la gente crea:

- La mayor alegría sexual se da sin un compromiso a largo plazo.
- Los compañeros sexuales esperan que el otro sea infiel.
- Hay riesgos de salud si se reprimen las urgencias sexuales.
- Los niños son responsabilidades y desventajas.[210]

Otro estudio ha demostrado que la exposición a la pornografía estimula sentimientos sexuales agresivos.[211] Los investigadores también han notado que los adolescentes expuestos a mucho contenido sexual en la televisión (muchas veces llamado pornografía suave) tienen el doble de probabilidades de tener sexo al año siguiente que aquellos que se han expuesto a poco contenido. El mismo estudio también ha demostrado un incremento en otros comportamientos sexuales incluyendo los besos, las caricias y el sexo oral en los jóvenes de entre doce y diecisiete años que han tenido una exposición frecuente a imágenes sexuales. Los investigadores han concluido que la pornografía, incluso cuando es suave, crea la impresión de que el sexo es más central a la vida diaria de lo que en realidad es y hace que los jóvenes busquen tener experiencias sexuales.[212]

El punto final es que la exposición a la pornografía te afectará en término de tus actitudes, percepciones y valores en cuanto al sexo, y el uso de la pornografía puede llevar a un aumento de agresividad y experimentación sexual.

La representación del sexo enmarcado por la pornografía no es real y no se alinea con el diseño de Dios. Específicamente, la pornografía promueve la promiscuidad sexual, la infidelidad marital, la desviación sexual y las "no consecuencias" del sexo. La gente que utiliza la pornografía se condicionan a tratar a los del sexo opuesto como a las/los compañeros que han visto al mirar a las imágenes en una revista o en los pixeles de una pantalla, pero la pornografía brinda un testimonio de interacción sexual que no se alinea con la realidad.

La exposición a la pornografía cambia la mirada en cuanto a la sexualidad de los que la utilizan.

Quizás el impacto más devastador de la pornografía es que reduce al sexo a sólo un acto físico. La pornografía remueve el componente espiritual y emocional del sexo. Recuerda que Dios ha diseñado al sexo para crear una intimidad duradera. No puedes ser íntimo con una imagen en una revista. No puedes ser íntimo con una persona en la pantalla de tu computadora.

En un estudio de investigación, se les pidió a los adolescentes que eligieran los seis artículos más importantes de una lista de 20. La elección número uno (67 por ciento) fue una relación íntima y cercana con alguien del sexo opuesto. En la mayoría de los casos, el sexo fue el último artículo elegido.[213]

Cuando nos apegamos al diseño de Dios para el sexo, el resultado es una intimidad profunda y duradera. La pornografía es sólo sexo, y "sólo sexo" es claramente lo último que quieres.

38 ¿La masturbación está bien?

La masturbación es el compañero culpable de la pornografía. Estos dos van casi siempre de la mano. Al aumentar la exposición a la pornografía, aumenta la aceptación a la auto-gratificación como forma de satisfacer deseos sexuales en incremento. Este es un problema por el que me preguntan cada vez más. Además, algunas voces culturales de influencia han hecho declaraciones recientes diciendo que la masturbación es una práctica "saludable" para los jóvenes. La cultura puede alentar al uso de la pornografía y la masturbación como una alternativa astuta para el coito, pero eso no la convierte en una decisión sabia.

La cultura no es la regla con la que deberíamos medir si un comportamiento está bien o mal. La Palabra de Dios es nuestro estándar para la verdad. Y por la Palabra de Dios, podemos concluir que la masturbación no está bien por tres razones clave: es reticente, se basa en la lujuria y es sexo sin intimidad.

LA MASTURBACIÓN ES "RETICENTE"
Efesios 5:3 define al estándar de Dios para la pureza: "Entre ustedes ni siquiera debe mencionarse la inmoralidad sexual."

La masturbación crea la misma respuesta física que el coito. El hecho de que no involucre a otra persona no significa que no sea reticente al sexo.

LA MASTURBACIÓN SE BASA EN LA LUJURIA

No hay duda de ello; el estándar de Dios para la pureza es alto. De hecho, Jesús nos dice que la pureza sexual involucra más que a nuestro comportamiento exterior; también incluye a nuestros pensamientos.

La pureza sexual involucra más que a nuestro comportamiento exterior; también incluye a nuestros pensamientos.

En Mateo 5:28 Jesús dice: "Pero yo les digo que cualquiera que mira a una mujer y la codicia ya ha cometido adulterio con ella en el corazón." El estándar de Jesús fue suficiente para causar un revuelo en sus días, y sigue agitando las cosas en nuestra época. El mundo te dirá que te acerques lo máximo posible a lo que respecta al sexo, pero eso lo único que hace es crear un campo de batalla en tu mente.

En Colosenses 3:5 encontramos más evidencia de que la lujuria es un tema serio: "Por tanto, hagan morir todo lo que es propio de la naturaleza terrenal: inmoralidad sexual, impureza, bajas pasiones, malos deseos y avaricia, la cual es idolatría."

No entres en la lujuria. No experimentes en la lujuria. No entres en pasiones sexuales esperando que no haya repercusiones serias. Hazlas morir. Corre. Escapa. Detente.

LA MASTURBACIÓN ES SEXO SIN INTIMIDAD

A lo largo de este libro hemos resaltado el hecho de que Dios ha creado al sexo con un diseño específico en mente. En Génesis 2 se nos brinda una imagen hermosa del vínculo único entre el hombre y la mujer cuando las Escrituras describen al hombre y a la mujer volviéndose "un solo ser". Ese es el poder único del sexo entre un esposo y una esposa, los une y los convierte en "un solo ser".

La masturbación no te une con nadie. Es una actividad solitaria y por lo general secreta. Al igual que la exposición a la pornografía, la masturbación puede ser altamente adictiva. Necesitarás más y más de la misma actividad para obtener la dosis de dopamina que quieres. Una vez que te casas, puedes experimentar disfunciones sexuales porque tu cuerpo ha sido entrenado a responder sin la conexión de una compañera o de un compañero. Como resultado esto casi siempre conlleva una gran dosis de vergüenza.

La vergüenza no tiene lugar en el plan de Dios para tu sexualidad.

La vergüenza no tiene lugar en el plan de Dios para tu sexualidad. El sexo ha sido diseñado para ser un regalo compartido entre ti y tu esposa. Cuando el sexo se comparte entre un esposo y una esposa que se han adherido al estándar de pureza de Dios, no existe la vergüenza. ¿Por qué experimentar con el sexo bajo cualquier otra circunstancia?

39 ¿Qué puedo hacer si siento que no puedo detener mi patrón de pecado?

Como he resaltado a lo largo de este libro, la estimulación sexual lleva a una poderosa liberación del químico que nos hace sentir bien (la dopamina) en el cerebro. La dopamina obra de manera muy similar a una droga. Los niveles en aumento de la misma actividad se necesitan para llegar al mismo punto de "placer" que produjo el encuentro sexual original. Como resultado, es posible que una actividad sexual, incluyendo las "relaciones sexuales sin penetración" (el sexo no operativo, incluyendo las caricias sexuales), la masturbación y mirar pornografía, se vuelvan altamente adictivas.

Si has experimentado en alguna de estas áreas, ya sabes que una vez que comienzas a caminar por el camino de la actividad sexual, es fácil seguir recorriéndolo. De hecho, puedes pensar equivocadamente que nunca podrás superar al pecado sexual. Puedes estar sintiendo, "No lo puedo evitar". Es verdad, no puedes. No tienes el poder de superar al pecado sexual por tus propios medios. Pero Jesús ha venido para darte la victoria sobre el pecado en tu vida.

Filipenses 4:13 declara: "Todo lo puedo en Cristo que me fortalece." A través de Cristo puedes tener el poder para decirle que no al pecado sexual. Muchos jóvenes viven una derrota crónica en su batalla contra el pecado sexual porque están intentando obtener la victoria por sus propios medios. Cuando fallan una y otra vez, se rinden y deciden que nunca podrán liberarse de los patrones del pecado sexual.

La libertad es posible porque Cristo está en nuestro interior.

Esta es una mentira peligrosa porque lo que piensas afectará la manera en la que vivas. Si crees que no puedes librarte de los patrones del pecado, no podrás librarte. Si crees que no puedes superar a tus pecados, seguirás siendo derrotado. Alejarte del pecado no es fácil, pero la Palabra de Dios promete que la libertad es posible porque Cristo está en nuestro interior.

Romanos 6:6-7 declara: "Sabemos que lo que antes éramos fue crucificado con él para que nuestro cuerpo pecaminoso perdiera su poder, de modo que ya no siguiéramos siendo esclavos del pecado; porque el que muere queda liberado del pecado." Cuando sometemos nuestras vidas a Cristo, nuestra antigua naturaleza muere y Dios nos convierte en "una nueva creación" (2 Corintios 5:17). Cuando dejamos morir el egoísmo, Cristo es capaz de vivir en nosotros, y Él nos promete la victoria sobre la esclavitud al pecado.

A veces esa liberación es inmediata; la tentación de comportarnos pecaminosamente se aleja. Otras veces la liberación del pecado requiere de más trabajo. Si estás dispuesto a hacer el trabajo de superar el pecado sexual en tu vida, aquí tienes algunos pasos que te ayudarán a encontrar la libertad.

RECONOCE TU ÚNICO LUGAR EN LA CREACIÓN

Nuestra cultura enseña que el hombre no es diferente a los animales en cuanto al sexo, y que es una necesidad que debemos satisfacer. Para poder avanzar en nuestra liberación del pecado sexual necesitas entender que tú no eres un animal. Has sido creado a la imagen de Dios (Génesis 1:26), y por eso tu deseo por tener sexo no es como el que experimentan los animales. Tu mayor necesidad es tener una relación íntima con Dios. Esta es una verdad importante. Si has estado mirando al sexo para satisfacer a tus necesidades más grandes en lugar de mirar a Dios, es muy probable que hayas vivido la derrota porque estás intentando llenar una necesidad espiritual con un placer físico. Reconoce que has sido creado a la imagen de Dios y que lo que más necesitas es una relación con Él. Luego pídele a Dios que satisfaga las ansias de tu corazón que tú has estado intentando llenar con sexo.

ADMITE TU PECADO

En la respuesta a la pregunta número 29, he dicho que el arrepentimiento significa estar de acuerdo con Dios en cuanto a que el pecado es pecado sin racionalizaciones o intenciones de volver a cometerlo. Admitir que lo que has estado haciendo realmente es pecado es un paso clave para caminar hacia la libertad.

ACÉRCATE AL CUERPO DE CRISTO

Una de las herramientas más poderosas que Dios nos ha dado para superar al pecado es la iglesia. Gálatas 6:1 dice: "Hermanos, si alguien es sorprendido en pecado, ustedes que son espirituales deben restaurarlo con una actitud humilde. Pero cuídese cada uno, porque también puede ser tentado."

Parte del trabajo del cuerpo de Cristo es ayudar a restaurar a aquellos que se encuentran atrapados en el pecado. Santiago 5:16

nos urge a confesar nuestros pecados entre nosotros para poder experimentar la sanidad. Confiar en un compañero creyente sabio es un paso importante y requiere valentía en el proceso de liberarse. Tus amigos cristianos y tus mentores son capaces de ayudarte a ser responsable y a orar como necesitas para alejarte del pecado sexual.

AMPUTA LA FUENTE DE TENTACIÓN

Mateo 18:8 dice esto: "Si tu mano o tu pie te hace pecar, córtatelo y arrójalo. Más te vale entrar en la vida manco o cojo que ser arrojado al fuego eterno con tus dos manos y tus dos pies."

La libertad del pecado es lo que ha motivado a Jesús para subir a la cruz.

En otras palabras, si algo siempre te lleva a la tentación, ¡amputalo! Si eres adicto a la pornografía en Internet, deshazte de tu computadora. Si no puedes dejar de tener sexo con tu novio o con tu novia, ponle un freno a la relación. Si la masturbación es una lucha, establece algunos límites para el tiempo que pasas a solas.

¡Es posible librarse del pecado! De hecho, la libertad del pecado es lo que ha motivado a Jesús para subir a la cruz. Puedes elegir entrar en Su poder y encontrarla libertad del pecado sexual. "Cristo nos libertó para que vivamos en libertad. Por lo tanto, manténganse firmes y no se sometan nuevamente al yugo de esclavitud" (Gálatas 5:1).

A LAS CHICAS, POR ERIN DAVIS

Queridas chicas,

MIENTRAS JOSH Y YO TRABAJÁBAMOS en este proyecto, pensé mucho en ustedes. Sabía que un día tendrían una copia de este libro en sus manos y una decisión muy pesada en sus corazones.

Sé que en nuestra cultura elegir vivir sexualmente pura no es una decisión fácil. Comprendo totalmente que a donde mires, verás el mensaje que dice que esperar es algo antiguo y que el sexo es el secreto a la intimidad que ansías. ¡Odio eso! Odio que el mundo te haya mentido en cuanto al sexo. Incluso más que eso, odio que tantas de ustedes no se den cuenta que valen la pena esperar.

Si pudiese lograr que entendieran una sola verdad, sería que ustedes ya son profundamente amadas.

Jeremías 31:3 dice: "Hace mucho tiempo se me apareció el Señor y me dijo: 'Con amor eterno te he amado; por eso te sigo con fidelidad.'" En Zacarías 2:8 Dios te llama "la niña de los ojos". A lo largo del Cantar de Cantares, Él te llama Su "amada". En el Salmo 45:11, Él proclama estar "cautivado por tu hermosura".

Vale la pena esperar, y tú vales la pena como para esperar.

Dios te ha estado alentando desde el comienzo de los tiempos. Jesús vino a la tierra y murió para que tú pudieras estar con Él durante toda la eternidad. Él te ha pedido tu corazón y prometió que nunca te dejaría ni te abandonaría.

Probablemente haya mucha información acerca de lo que estoy a punto de escribir, pero sé que es verdad porque yo soy una mujer. Las mujeres pecan sexualmente a causa de un profundo deseo de experimentar amor. Puedes tentarte a tener sexo con tu novio porque piensas que te unirá más y sellará su compromiso contigo. Quizás ya hayas regalado partes de ti detrás de las puertas cerradas porque estabas buscando una afirmación de que te quieren. Escúchame: El Dios del universo ya te ha entregado un amor mucho más importante del que puedas vivir en una relación humana.

Tú vales la pena como para esperar porque eras la hija preciada del Rey de reyes. Vale la pena esperar para tener sexo porque llega a su máximo esplendor en la relación comprometida que solo puedes encontrar en el matrimonio.

Las mujeres pecan sexualmente a causa de un profundo deseo de experimentar amor.

■ ■ ■ ■ ■ ■ ■ ■ ■ ■

Algunas de ustedes quieren esperar, pero luchan con la soledad de mantenerse puras. Te aseguro que no eres la única. He hablado con miles de mujeres jóvenes como tú que están esperando. Es más, yo he esperado. Y te puedo decir, por experiencia, que estoy muy agradecida por haber reservado cada parte de mi cuerpo y de mi corazón para mi noche de bodas. La intimidad que experimento con mi esposo, incluso después de diez años de casados, supera cada momento de soledad o ansiedad que sentí mientras esperaba al tiempo de Dios.

Esperar es posible. Vale la pena esperar, y tú, dulce niña, vales la pena como para esperar.

Con cariño,
Erin

A LOS CHICOS, POR JOSH McDOWELL

Qué emocionante sería pasar tiempo con cada uno de ustedes, como un padre con su hijo. Hablaríamos abiertamente acerca de los temas difíciles y desearía tanto que esperaran. Mi amor por ustedes me haría desear que esperaran para protegerlos de la devastación que siempre acompaña al sexo afuera de los límites de Dios.

Consideren a estas palabras finales como una conversación entre nosotros. Esta es nuestra oportunidad de hablar de hombre a hombre acerca del sexo y la pureza.

Antes de continuar, quiero que sepan por qué ustedes son importantes. Como hombres, todos queremos saber lo que se requiere. Ansiamos profundamente que los que están a nuestro alrededor nos respeten y nos aprecien.

La Palabra de Dios es clara en cuanto a que importas mucho. Te ha confiado con la misión de vivir como Él y de compartir el mensaje **La pureza es una prueba de que eres un verdadero hombre.** del evangelio con los demás. Claramente, tienes valor en el reino de Dios. Tu valor proviene de Dios, no de cualquier explotación (sexual o de otro tipo). El mundo puede decirte que puedes ganar respeto siendo agresivo o íntimo sexualmente con muchas mujeres. Dios dice que tienes un valor que proviene de pertenecerle a Él. Con Él no tienes que ganarte un lugar. Él te pide que esperes para poder tener lo que se necesita para vivir la vida como Él te ha llamado a vivirla y para seguir en la lucha para la vida abundante que Él ha prometido.

Ser llamado a la pureza no es una tarea fácil cuando parece que somos bombardeados de cada lado por el sexo. Pero, escucha esto: La pureza es una prueba de que eres un verdadero hombre. Los verdaderos hombres no hacen sólo lo que están haciendo las demás personas. Los verdaderos hombres toman decisiones que protegen a las personas a las que ellos quieren. De hecho, al elegir vivir una vida que es pura sexualmente, una vida que honra a Dios con tu sexualidad, ya estás proveyendo para tu futura esposa e hijos. ¡Piensa en eso! Esa es una decisión digna de respeto.

Este viaje a la pureza sexual no siempre será fácil, esto ya lo sabes. Encuentra algunas voces confiables para que te den consejos sabios. Lucha junto a compañeros guerreros. Sean responsables los unos de los otros, levántense entre ustedes cuando cometan errores y sigan avanzando para lo mejor que tiene Dios para sus vidas.

Tu valor proviene de Dios.

¡No te conformes con menos de lo que puede ser el sexo en su plenitud!

Esperar es posible y vale la pena esperar, ¡toma las riendas!

Saludos,
Josh

UNA NOTA A LOS LÍDERES DE JÓVENES

No es fácil hablar acerca del sexo. Si trabajas con jóvenes, sabes que sus dudas no les han impedido oír mucho acerca de esto. La ola de la actitud del "vale todo" de nuestra cultura en cuanto al sexo ha dejado una estela de destrucción en las vidas de demasiados jóvenes. Si queremos que se apeguen al plan de Dios para sus vidas, en especial en las áreas de la intimidad, del matrimonio y del amor, debemos decirles la verdad desnuda sobre este tema del sexo.

Este libro no tiene vergüenza de hablar acerca de temas difíciles como la pornografía, la masturbación y la adicción al sexo. La meta no era crear una táctica de shock, sino hablar acerca de los temas con los que luchan los adolescentes hoy en día. Para ayudar a maximizar el potencial de este libro para impactar vidas jóvenes, hemos incluido seis secciones de preguntas para debatir. Estas preguntas se utilizan mejor en grupos de debate en donde los estudiantes pueden hablar en un ambiente seguro y confidencial acerca de lo que han aprendido.

Gracias por decirles la verdad a los jóvenes en su esfera de influencia.

No estamos alentando a la conversación casual acerca del sexo. Sabemos que los temas abordados en este libro son delicados. Pero ya que Dios no se calla en el tema del sexo, y la cultura tampoco lo hace, queremos equiparlos para crear oportunidades para los jóvenes en su grupo para que exploren la verdad de Dios en este tema.

Gracias por decirles la verdad a los jóvenes en su esfera de influencia. Gracias por equiparlos para que se apeguen al plan de Dios para el sexo y el matrimonio. Como hemos compartido en este libro, cuando el sexo se disfruta dentro de los límites del diseño de Dios, los resultados son de otro mundo. ¡Al ayudar a los jóvenes a tener la visión de Dios para el sexo, les están dando un regalo que durará de por vida!

PREGUNTAS PARA DEBATIR

SECCIÓN 1: PREGUNTAS 1-5

1. Si la pureza significa "vivir de acuerdo al diseño de Dios", ¿qué maneras ya estás utilizando para buscar la pureza? ¿En qué áreas necesitas ajustar tu comportamiento para encajar mejor en el diseño de Dios?

2. Termina la oración: Si la abstinencia es una regla, la pureza es una _____. ¿Cómo cambia esta distinción la manera en la que te sientes en cuanto a la pureza?

3. Lee Cantar de Cantares, capítulo 1. Cuando lees estos versículos descriptivos y románticos, ¿cómo te hace sentir? (Ejemplos: incómodo, curioso, excitado) ¿Por qué crees que esta conversación íntima entre dos amantes se incluye en la Palabra de Dios?

4. ¿Cómo responderías a la pregunta, "Dios es bueno"?

5. ¿Cómo afecta a tus decisiones la repuesta a la pregunta acerca de la bondad de Dios? Más específicamente, ¿cómo impacta las decisiones en cuanto al sexo y al romance?

6. La pregunta número 3 resalta tres propósitos específicos para el sexo: procreación, unidad y recreación. Prepara una lista de estos propósitos dependiendo su grado de importancia. Explica tu respuesta.

7. Si el verdadero amor siempre busca lo mejor para el ser amado protegiéndola y proveyéndole, ¿cuáles son los ejemplos del verdadero amor en tu vida? En otras palabras, ¿quién te ha expresado la definición de Dios del amor?

8. Haz una lista de tres maneras en las que puedes proteger y proveerle lo mejor a tu futura esposa o esposo.

9. ¿Cuáles fueron las tres maneras únicas por las que Jesús demostró Su amor por ti?

10. Deuteronomio 10:13 nos dice que los mandamientos de Dios son para nuestro propio bien. Haz una lista de tres de los mandamientos de Dios que se encuentran en el Nuevo Testamento. Para cada mandamiento, completa la siguiente oración:

Sé que este mandamiento es para mi propio bien porque significa…

SECCIÓN 2: PREGUNTAS 6-19

1. La ciencia ha probado que los placeres más grandes del sexo se dan en tu cerebro. En otras palabras, el sexo es realmente una actividad cerebral. ¿Cómo se contrasta esto con lo que enseña nuestra cultura acerca del sexo?

2. ¿Por qué crees que Dios ha diseñado a nuestros cerebros para que no seamos completamente capaces de tomar decisiones basándonos en las futuras consecuencias hasta los veinticinco años?

3. La norepinefrina es un químico del cerebro que toma experiencias altamente emocionales y sensoriales y las graba en nuestro cerebro como recuerdos. ¿Qué experiencia se ha grabado en tu cerebro? ¿Por qué crees que la norepinefrina se ha liberado durante esta experiencia?

4. ¿Cuál es tu reacción ante los hechos de la dispersión de las ETS?

5. Antes de leer la respuesta a la pregunta número 9, ¿cuánto sabías acerca de las ETS y VPH más comunes? ¿Cómo cambia tu mirada la información acerca de las ETS en general presentada en este capítulo?

6. ¿Cómo deberían abordar los adultos el tema de las ETS con los adolescentes para ayudarlos a detener la epidemia de las ETS entre los jóvenes?

7. ¿Cómo te hace sentir el saber que el mensaje del "sexo seguro" es una mentira?

8. ¿El saber que los condones y la píldora hacen poco o nada para protegerte de las ETS te motiva a evitar la actividad sexual? ¿Por qué o por qué no?

9. Vuelve a leer los dos escenarios cerca del final de la respuesta a la pregunta número 13. ¿Cuál sería tu reacción si te encontraras en una de las relaciones descriptas en estas historias? ¿Cómo afecta a tus decisiones sexuales el hecho de imaginar el

impacto de tus elecciones sexuales con tu futura compañera o compañero y tus hijos?

10. ¿Cómo describirías la actitud general para con las ETS entre tus pares? (Ejemplos: preocupación, apatía, ignorancia, humor).

SECCIÓN 3: PREGUNTAS 20-24

1. ¿Por qué crees que hay una correlación entre el sexo prematrimonial y la depresión/suicidio?

2. Piensa en el pecado en tu propia vida (sexual o de cualquier otra manera). Por último, ¿cómo te ha hecho sentir ese pecado?

3. Termina la siguiente oración con la máxima cantidad de palabras que puedas pensar.

4. El sexo afuera del matrimonio lleva a sentimientos de...

5. El sexo dentro del matrimonio lleva a sentimientos de...

6. Basándote en lo que has leído, ¿cómo definirías al sexo? Además del coito, ¿qué actividades incluirías en esta definición?

7. ¿Por qué crees que los jóvenes están cada vez más dispuestos a aceptar que la actividad sexual, incluyendo al sexo oral, "no es realmente sexo"?

8. Piensa de nuevo en la historia de la esposa que le dijo a su esposo que sus amigas estaban concurriendo a sesiones de consejería por sus experiencias anteriores con el sexo oral antes de contraer matrimonio. Basándote en lo que sabes acerca de cómo el sexo afecta al cerebro, ¿por qué crees que estas mujeres siguen lidiando con las consecuencias emocionales de haber tenido sexo oral mucho después de esos encuentros?

9. Termina la oración: La cultura dice que sólo el coito es sexo, pero el estándar de Dios es que el sexo es cualquier cosa que...

10. Específicamente, ¿cómo has estado expuesto a la mentira de que la actividad sexual está bien siempre y cuando mantengas tu virginidad técnica? (ejemplos: amigos, ciertos programas de televisión, películas, etc.).

11. Cuando piensas en tu futura esposa o tu futuro esposo, ¿qué nivel de intimidad sexual esperas que esa persona guarde para ti?

12. ¿Qué es lo que más te sorprende acerca de los peligros del sexo oral?

SECCIÓN 4: PREGUNTAS 25-31

1. En tu opinión, ¿quién paga el precio más alto cuando la actividad sexual no se reserva para el matrimonio?

2. ¿Cómo crees que impactaría a toda la sociedad si el estándar de Dios para la pureza fuera la norma, y no la excepción, en nuestra cultura?

3. En la respuesta a la pregunta número 26 se te ha alentado a que en tu noche de bodas seas un novato en el sexo y un experto en las relaciones. Ser un novato en el sexo simplemente significa evitar las experiencias sexuales hasta estar casado. ¿Qué se necesita para convertirte en un experto en las relaciones?

4. En tu opinión, ¿cuáles son las necesidades más importantes a satisfacer en una relación romántica? ¿Estas necesidades se satisfacen mejor a través de la convivencia (vivir juntos) o del matrimonio? Explica tu respuesta.

5. ¿Por qué las parejas casadas que son monógamas experimentan el sexo en su plenitud?

6. ¿Cómo te hace sentir el saber que la cultura te ve como un animal que no puede controlar sus urgencias sexuales?

7. De acuerdo a las respuestas a las preguntas número 25 y 26, ¿cuáles son algunos de los beneficios únicos del matrimonio? ¿Cuáles de estos beneficios te parecen los más importantes?

8. ¿Qué Escritura en especial te ayuda a mantener tu compromiso de reservar el sexo para el matrimonio incluso cuando tus hormonas o tus emociones hacen que sea difícil esperar?

9. ¿Por qué crees que muchos adolescentes cristianos que regalan su virginidad en un momento de pasión siguen andando por el camino del pecado sexual?

10. ¿Cuál es tu reacción a las historias de los adolescentes que han afrontado cargos legales por *sexting*? ¿Crees que es la manera correcta para detener el *sexting*? ¿Por qué o por qué no?

SECCIÓN 5: PREGUNTAS 32-36

1. Describe un momento en el que hayas vivido el perdón de Dios. Al mirar atrás, ¿cómo te ha hecho sentir el perdón de Dios?

2. ¿Qué consejo le darías a un amigo o una amiga que está luchando para aceptar el regalo del perdón de Dios?

3. ¿Por qué crees que la promesa del perdón total de Dios, incluso por nuestros pecados sexuales, es tan difícil de aceptar?

4. Lee 1 Corintios 14:3-7. Léelo de nuevo sustituyendo tu nombre cada vez que aparezca la palabra "amor". ¿Qué tan bien te describe esto? Basándote en este pasaje, ¿crees que amas bien a los demás?

5. Describe una relación en la que sabes que estás experimentando amor genuino. (No tiene que ser una relación romántica) ¿Cómo sabes que eres amado o amada?

6. ¿Cuándo te sientes inseguro en cuanto a la voluntad de Dios para ti? Basándote en lo que has leído en la respuesta a la pregunta número 34, ¿qué pasos específicos podrían ayudarte a descubrir la voluntad de Dios en esa área?

7. Describe tu estructura de responsabilidad. En otras palabras, ¿quién te está ayudando a mantener tu compromiso con la pureza?

8. Después de leer el libro, ¿qué límites específicos has establecido para mantenerte puro o pura?

9. Se ha probado que el retrasar el romance es una herramienta poderosa para ayudar a los jóvenes a mantenerse sexualmente puros. Teniendo eso en mente, ¿cuál crees que es la mejor edad para comenzar a tener citas?

10. ¿Cómo se involucran tus padres para ayudar a mantenerte sexualmente puro o pura?

SECCIÓN 6: PREGUNTAS 37-39

1. La respuesta a la pregunta número 37 define a la pornografía como: "La descripción de un comportamiento erótico (en imágenes o en escritura) con la intención de causar excitación sexual."

¿Qué tipos de medios específicos entran en esta definición?

2. ¿Alguna vez has estado expuesto a la pornografía? ¿En el momento en el que lo has visto, lo has reconocido como pornografía, o lo has visto como algo menos dañino?

3. ¿Por qué crees que las mujeres y los jóvenes están utilizando cada vez más a la pornografía? ¿Qué es lo que los atrae a utilizarla?

4. ¿Cuál de las consecuencias de la pornografía enlistados en la respuesta a la pregunta número 37 te ha impactado más? ¿Por qué?

5. Llena los espacios en blanco de la siguiente oración: La pornografía lleva al sexo_____, pero esperar lleva a la sexual en el matrimonio.

6. ¿Por qué crees que los jóvenes que luchan con la masturbación casi siempre sienten una gran vergüenza?

7. ¿Por qué crees que en Mateo 5:28 Jesús igualó a la lujuria con el adulterio? ¿Qué mensaje estaba intentando transmitir?

8. ¿Cómo puede el hecho de confesarle el pecado a otra persona ayudarnos a sanar de la devastación del pecado?

9. ¿Qué fuentes de tentación necesitas "amputar" para poder mantener tu compromiso con la pureza sexual?

10. ¿Cómo te hace sentir saber que es posible la libertad del pecado a través de Cristo?

NOTA INFORMATIVA

Las notas más actualizadas están
disponibles online en *www.josh.org.*

AGRADECIMIENTOS

A DOTTIE Y A MI FAMILIA por realmente vivir el amor en las relaciones.

A Pam, Lakita, Sean, Freda, Elaine y Christie por brindar su experiencia y su mirada interior en este tema maravilloso.

A Sue y Kim por su investigación incansable y por hacer que mi escritura a mano quedara impresa en forma legible.

A Prolifik Films por su profesionalismo y mirada creativa.

A Christ Community por permitirme usar su espectacular "café show" para filmar.

A Erin, que es una gran compañera de trabajo y es tan buena en lo que hace.